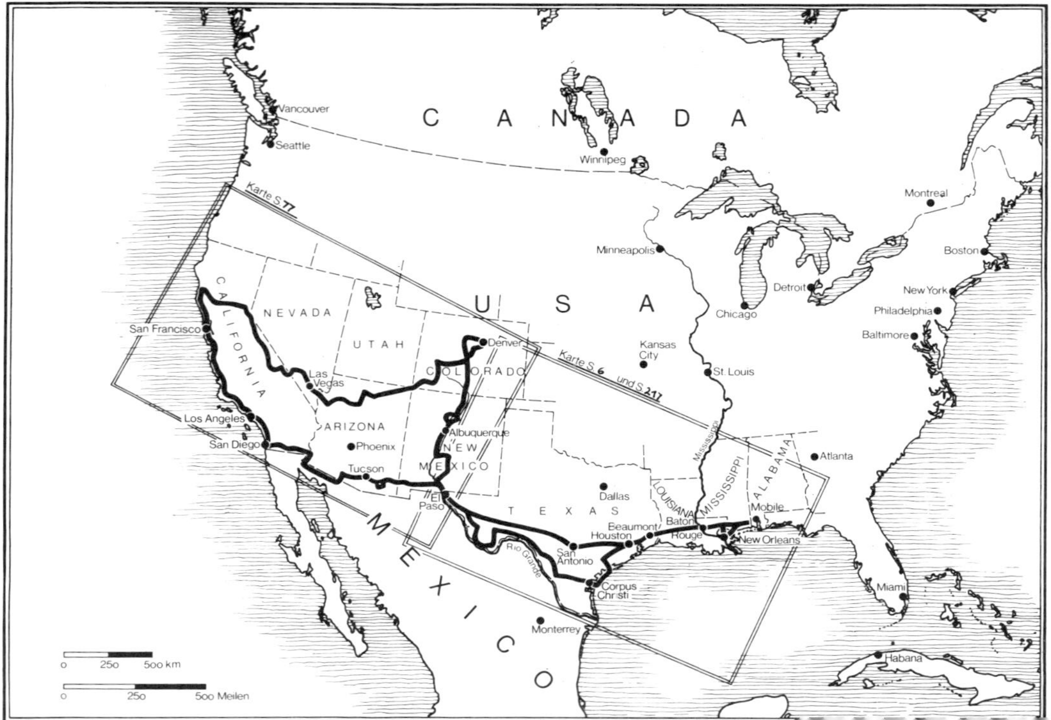

CANADA
USA
MEXICO
Vancouver
Seattle
Winnipeg
Montreal
Boston
New York
Philadelphia
Baltimore
Minneapolis
Detroit
Chicago
Kansas City
St. Louis
Atlanta
Miami
Habana
San Francisco
Los Angeles
San Diego
Las Vegas
Phoenix
Tucson
Denver
Albuquerque
El Paso
Dallas
San Antonio
Houston
Beaumont
Baton Rouge
New Orleans
Mobile
Corpus Christi
Monterrey
CALIFORNIA
NEVADA
UTAH
ARIZONA
COLORADO
NEW MEXICO
TEXAS
LOUISIANA
MISSISSIPPI
ALABAMA
Mississippi
Rio Grande
Karte S. 77
Karte S. 6 und S. 217
0 250 500 km
0 250 500 Meilen

OLUF ZIERL

Highway-Melodie

Mit dem Motorrad
20 000 km quer durch die USA

Schneider-Buch

Inhalt

Umschlaggestaltung: Ebba Feistkorn
Karten: Gert Köhler
Fotos: Oluf Zierl
Redaktion: Angela Djuren
Bestellnummer: 7292

München–Wien
ISBN 3 505 07292 3

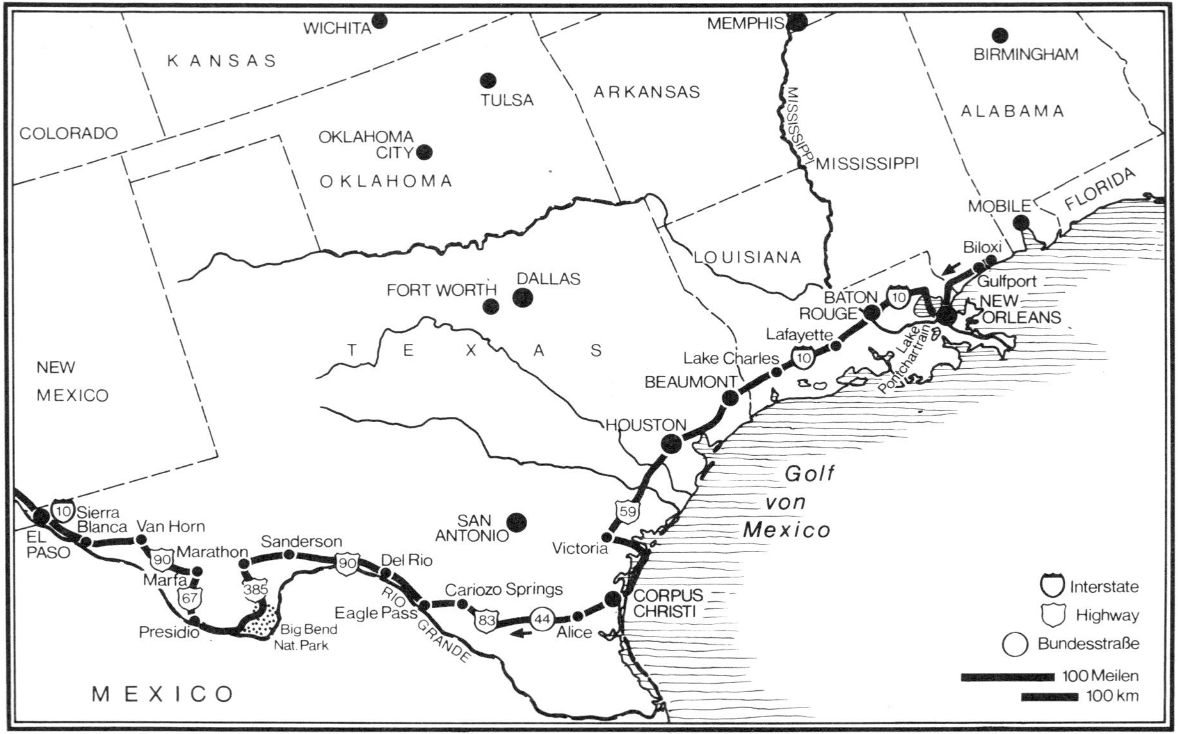
WICHITA
KANSAS
MEMPHIS
BIRMINGHAM
TULSA
ARKANSAS
ALABAMA
COLORADO
OKLAHOMA CITY
MISSISSIPPI
MISSISSIPPI
OKLAHOMA
FLORIDA
MOBILE
Biloxi
LOUISIANA
Gulfport
DALLAS
FORT WORTH
BATON ROUGE
NEW ORLEANS
Lafayette
Lake Pontchartrain
TEXAS
Lake Charles
NEW MEXICO
BEAUMONT
HOUSTON
Golf von Mexico
Sierra Blanca
Van Horn
SAN ANTONIO
EL PASO
Victoria
Sanderson
Marathon
Del Rio
Marfa
Cariozo Springs
CORPUS CHRISTI
Eagle Pass
RIO GRANDE
Alice
Presidio
Big Bend Nat. Park
10
90
67
385
83
44
59
Interstate
Highway
Bundesstraße
100 Meilen
100 km
MEXICO

Höhenflug

Das Flugzeug summt eintönig dahin, ab und zu ein leichtes Schütteln. Es macht uns die unwirkliche, fast traumhafte Situation, in der wir uns seit Stunden befinden, bewußt. Mit etwa tausend Stundenkilometer rasen wir, zehntausend Meter über dem Eismeer, Amerika entgegen. LH 471, Frankfurt–Miami, 2. September 1979, ein ganz normaler Linienflug.

Neben mir sitzt die neunzehnjährige Lixi und lauscht den Stereoklängen in ihrem Kopfhörer. Am liebsten würde ich Lixi ständig in die Rippen knuffen und ihr immer wieder sagen, was ich erst langsam zu glauben beginne: Mensch, Lixi – es geht los, wir haben's geschafft, es läuft! Unser Abenteuer fängt an!

Gestern um diese Zeit saßen wir noch lärmend in einem Biergarten in München und ließen alles hochleben, was uns gerade so vor die Maßkrüge kam. Die Motorräder, die warme Sonne, die Brezenverkäuferin, die Preußen und den Bayerischen Rundfunk gleich um die Ecke, von dem wir gerade gekommen waren. Dort hatten wir große Töne über unser bevorstehendes Abenteuer live ins Studiomikrofon der Servicewelle von „Bayern 3" gesprochen, und alle paar Tage sollten wir nun anrufen und erzählen, was wir unterwegs so erleben. Wenn das nichts ist!

Eine freundliche Stewardeß bringt endlich etwas Flüssiges für unsere ausgetrockneten Kehlen. Hinter mir döst Jürgen, der Kunsthändler aus Düsseldorf. Er hat sich für vier Wochen vom hektischen Geschäftsleben verabschiedet, um uns auf unserer Tour zu begleiten. Mit verknittertem Jeans-Latzenhosenanzug war er im Trubel des Frankfurter Flughafens zu uns gestoßen.

Ich gehe im Geiste zum hundertsten Male das sorgfältig geplante und ausgearbeitete Programm durch. Bei aller Genugtuung, daß es jetzt endlich soweit ist, wollen doch Ängste und Zweifel nicht weichen – zu gut hatte bisher alles geklappt. Monatelang hatte ich mich in Reiserouten, Landkarten, Flugpläne und Ausrüstungslisten vergraben, mich in Prospekte, Reisebeschreibungen und alte Fotos vertieft.

Einmal aus den Fesseln des Alltags und der Enge unserer Umgebung ausbrechen, einmal erleben, was Weite und Einsamkeit ist, das war unser Ziel. Abenteuer und Freiheit, das konnte doch nicht nur Zigarettenreklame sein! Wir sehnten uns dorthin, wo die Natur noch nicht gebändigt ist, sondern den Menschen fordert und ihm Bewährung abverlangt. Wenigstens für einige Wochen. Kurzum – wir sehnten uns danach, romantische Jugendträume zu verwirklichen. Ich muß lächeln, wenn ich denke, wieviel Mühe es gemacht hat, das durch unzählige Argumente zu rechtfertigen.

Das große Motorrad-Abenteuer Amerika sollte acht Wochen lang quer durch die Vereinigten Staaten führen, von Ost nach West. Der Zwanzigtausend-Kilometer-Run sollte vom Mississippi aus zunächst immer nach Westen gehen, durch die Sumpfgebiete Lousianas entlang der Golfküste, durch die südlichen Gebirgswüsten von Texas dem Rio Grande folgend bis in die Rocky Mountains. Von dort hinunter in die einsamen Wüstengebiete des großen amerikanischen Beckens – Utah, Arizona, Nevada. Indianerreservate, das Monument Valley, der Grand Canyon, das Tal des Todes – schon die Namen verursachten uns Herzklopfen, wenn wir sie nur aussprachen. Goldgräbercamps, Western-Saloons, Geisterstädte, Sierra Nevada, tage- und wochenlang in Hitze und Kälte im Sattel, den Sand im Gesicht, die glühende Sonne auf der nackten Haut, und abends zwischen Kakteen und Koyoten das saftige Steak am Campfeuer eines abgelegenen Lagerplatzes – so filmreif und abenteuerlich hatte ich mir das in etwa ausgemalt.

Ein paar Motorradfreunde und -freundinnen waren dann auch gleich mit von der Partie. Zwei, die nicht so viel Zeit hatten, wollten wir unterwegs treffen. „Wir sehen uns in Del Rio!" hatte ich zu Ilona gesagt, und Jochen sollte in einem Motel in Las Vegas auf uns warten. Von dort aus wollten wir zur Pazifik-Küste Nordkaliforniens, über die „Golden Gate" nach San Francisco, und dann immer der berühmten Küstenstraße des Big Sur entlang südwärts bis San Diego. Im weiten Kreis durch die mexikanische Saguarowüste zurück auf die Interstate 10. Zum Schluß standen noch zwei erholsame Wochen im tropischen Florida auf dem Programm.

Aber das war nur der große Bogen – die Idee einer Abenteuerreise durch den amerikanischen Westen. Wie wir wirklich fahren werden, wo wir bleiben und wo wir abzweigen werden, soll der Zufall, die Gelegenheit und die Gunst des Augenblicks entscheiden.

In die Vorfreude mischen sich aber auch bange Erwartungen. Vielleicht ist Amerika ganz anders als wir es uns erträumen? Ist der Wilde Westen, dem wir nachspüren wollen, nicht nur Klischee und Kulisse? Warten nicht überall die Sheriffs mit den Radarpistolen, ist das Benzin nicht knapp und das Essen miserabel? Steht nicht gegen unsere romantischen Träume die grelle Wirklichkeit des amerikanischen Alltags, wie wir ihn aus Zeitungen und Fernsehen kennen?

Der Bordlautsprecher unterbricht meine Gedanken. „Guten Abend, meine Damen und Herren, hier spricht Ihr Kapitän. Wir werden in drei Stunden und zwanzig Minuten in Miami landen. Wie Sie wissen, nähert sich von der Karibik her der Hurrikan ‚David' mit etwa 120 Stundenkilometern der Südküste Floridas. Wir werden aber noch rechtzeitig vor der anziehenden Schlechtwetterfront Miami erreichen. Die dortige Temperatur wird etwa 28 Grad Celsius betragen, die Luftfeuchtigkeit 92 Prozent. Die Windstärke nimmt zu. Wir werden Sie weiter ständig auf dem laufenden halten. Inzwischen zeigen wir Ihnen über unser Bordkino einen Film und wünschen Ihnen dazu gute Unterhaltung und weiterhin einen angenehmen Flug."

Warten auf „David"

„Excuse me, Ma'am – wie lange dauert denn so was?"

Die dicke schwarze Bedienung hinter der schmuddeligen Plastiktheke der Snackbar reicht mir mit gelangweiltem Augenaufschlag das ebenso appetitlich aussehende wie nichtssagend schmeckende Würstchen auf einem Pappteller herüber.

„Well, Mister, letztes Jahr waren's fünf Tage, bis die wieder aufmachten."

Um mich herum stehen ratlose Flugreisende und stopfen sich mit Hamburgers und Popcorn voll. Eigentlich sollten wir längst in New Orleans sein, und jetzt das hier! Der geduldige Beamte, dem ich unsere Situation klarzumachen versuche, blickt mich kummervoll an. „Niemand kann hier mehr raus, Sir – alle Hotels sind überfüllt mit Schutzsuchenden, und Taxis und Busse fahren nicht mehr bei dem Wetter. Am besten, Sie richten's sich hier so gemütlich ein, wie's geht."

Dann schließt auch der letzte der überlaufenen Schalter in der langen Reihe der Fluggesellschaften, und die bedrängten Angestellten verlassen in unauffälliger Flucht ihre Pulte. Ich schaue voll Verzweiflung und Wut auf das riesige neonbeleuchtete nächtliche Flugfeld hinaus. Kein einziges Flugzeug ist dort auf der öden, nassen Betonwüste mehr zu sehen. Auf den blau flimmernden Monitoren erscheint überall dieselbe Anzeige: „Alle Flüge sind wegen örtlicher Wetterverhältnisse eingestellt."

Der Miami International Airport erwartet „David". Man behandelt den heranrasenden Wirbelsturm wie einen Superstar. Mal

Miami International Airport: Warten auf „David"

soll er um Mitternacht eintreffen, mal gegen zwei Uhr morgens. Aus den zahlreichen Transistor-Radios kommt alle paar Minuten eine neue Lagemeldung.

Ich gehe durch die spärlich erleuchtete Vorhalle, deren Leere durch die mit Plastikplanen abgedeckten Schaltertresen noch unheimlicher wirkt, hinaus in die schwüle, unheilschwangere Nacht. Ein paar Arbeiter stapeln Sandsäcke neben die gläsernen Automatik-Türen. Der seit Stunden auffrischende Sturm läßt die hohen Flutlichtmasten schwanken und reißt ganze Blattbündel aus den wild gebeutelten Palmen. Die sonst so lebhafte Zufahrtsrampe ist wie ausgestorben, nur das Heulen und Rauschen des Windes ist zu hören. Auf die Dächer der verlassenen Taxis klatschen prasselnde Regenböen.

Lixi und Jürgen haben sich längst in ihre Schlafsäcke verkrochen, und wir verbringen unsere erste Nacht in Amerika unter den zirpenden Klängen leiser Lautsprechermusik auf hartem Teppichboden.

„David“ kam nicht. Unberechenbar, wie Hurrikans nun mal sind, drehte er kurz vor Miami aufs Meer hinaus. Lixi grinst. „Schwache Leistung bei dem Aufwand!“

Am frühen Nachmittag kommen die ersten Maschinen wieder hereingeschwebt, und um halb fünf Uhr transportiert uns die „National Airlines“ mit zweiundzwanzig Stunden Verspätung weiter. Sie tut das sehr nobel in der exklusiven First Class. Ein leckeres Südstaatenfrühstück mit Früchten, Schinkeneiern und vielen Drinks entschädigt uns reichlich. Der Blick hinunter auf den sonnendurchglitzerten Golf von Mexiko und das Mississippi-Delta ist phantastisch.

Endlich in New Orleans! Völlig abgeschlafft sitzen wir schwitzend und leicht benommen, behängt mit Taschen, Seesäcken, Koffern, Brustbeuteln und schweren Motorradlederjacken im Staub und Benzindunst vor dem gläsernen Super-Ei der Flughafenhalle. Für unsere Umwelt müssen wir ein ziemlich komischer Anblick sein. Inzwischen versinkt die Sonne blutrot hinter einem Wald von Strommasten, Laternenstangen, Verkehrszeichen und Reklamegestellen. Wie gefiltert erscheint alles in dieser dicken orangefarbenen Lichtflut. Die feuchtschwüle Hitze des hereinbrechenden Abends legt sich schwer auf unsere bleiernen Glieder. Erschöpft, aber unruhig fragen wir herum, wie's weitergeht. Es stellt sich heraus, daß wir noch gute hundert Kilometer mit einem Bus der „Coastline" fahren müssen, um zu unserem Ausgangsort Ocean Springs zu kommen.

Zum Glück startet das bombastische, aber vergammelte Vehikel – Kühlung geht nicht, Tür klemmt, Kofferraumdeckel lose, Reifenprofil ab – schon in einer Stunde. Der freundliche Busfahrer merkt, daß wir am Ende unserer Kräfte sind und führt lange Telefongespräche mit Robbie – auf unsere Kosten, versteht sich –, bis geklärt ist, wo und wann wir abgeholt werden können.

Nach fast dreistündiger Rüttelfahrt mit vielen Umwegen und Aufenthalten sollen wir angeblich in Ocean Springs sein. Wir werden irgendwo ausgeladen, und der Bus verschwindet in der Nacht. „Just wait!" hatte uns der Fahrer noch zugerufen. Jetzt stehen wir mit unserem ganzen Gepäck ziemlich verloren vor dem hell erleuchteten menschenleeren Säulenportal eines baumumstandenen Südstaatenpalais. Es ist kurz vor Mitternacht, und die schweren Düfte von Oleander- und Magnolienblüten betäuben uns fast. Da knirschen Autoreifen über die Auffahrt, und ein riesiger Buick schiebt sich aus der Finsternis. Es ist Ruby, Robbies Frau, und wir fallen uns alle um den Hals. „Good to see you, good to see you!"

Wenig später lassen wir uns in einem kleinen Motel am Highway 90 dreckig und verschwitzt auf die voluminösen bequemen „king-size"-Betten fallen. Wir haben nicht einmal mehr die Kraft, unsere Stiefel auszuziehen, und schlafen sofort ein. Das Licht brennt die ganze Nacht, und die Klimaanlage rasselt und rattert bis zum frühen Morgen.

Führerschein auf amerikanisch

„Mensch, Oluf, komm doch mal her – das ist ja irre –, Jürgen, wo bleibst du denn, du alter Penner?"

Rufe der Verzückung von draußen, es ist noch nicht sieben Uhr früh, und schlaftrunken torkeln wir beide ins Freie. Lixi steht fassungslos auf dem Rasen. Tautropfen funkeln auf Blumen, Gräsern und tiefgrünen Blättern. Darüber ein strahlender wolkenloser Himmel von einem Blau, wie ich es noch nie gesehen habe. Eine herrliche, süße Frische macht uns sofort hellwach, Tausende von Vogelstimmen jubilieren ringsum. In stummem Entzücken lassen wir uns von diesem beglückenden Morgen verzaubern. Was für ein Tag, was für ein Land!

Aber schon bald wird es heiß, die glitzernden Tauperlen verdunsten, das Vogelgezwitscher verstummt. Wir ziehen uns eine eiskalte Cola aus dem Automaten und gehen zurück ins klimatisierte kühle Zimmer. Im Fernsehen laufen Mickymaus-Filme. Um neun Uhr kommt Robbie. Lang, hager, quecksilbrig und immer voller Späßchen.

Den ehemaligen erfolgreichen Motorrad-Werksrennfahrer habe ich vor einigen Jahren auf einer ähnlichen Tour zufällig kennengelernt. Seine Herzlichkeit, Hilfsbereitschaft und sein enormes technisches Können hatten mich sofort beeindruckt, und schnell entstand eine enge Freundschaft, die nun Ausgangsbasis für unsere Amerikareise geworden ist. Ohne ihn wäre diese Tour mit weitaus größeren Schwierigkeiten verbunden gewesen. Bereits von Deutschland aus hatten wir die Maschinen bei ihm bestellt und vereinbart, die Motorräder am Ende der Tour wieder an ihn zurückzuverkaufen. Er hatte uns die Abnahme garantiert und den Rückkaufpreis nur um eintausend Dollar niedriger angesetzt als

Überall stehen Automaten mit dem amerikanischen Nationalgetränk

den Erstverkaufspreis. In seiner Harley-Davidson-Werkstatt wurden unsere Maschinen für die lange Tour vorbereitet und ausgerüstet.

„Kommt ihr mit zum Einkaufen?" Sein breiter Südstaaten-Slang findet sofort Nachahmung.

„Yeaaah, mään, let's gouuuh!"

Das Geflachse hält die ganze Fahrt an, fünfzig Kilometer bis zur

„Edgewater Plaza Mall“, dem nächstgelegenen riesigen Shopping-Center von Gulfport-Biloxi. Robbie fährt wie der Teufel, überholt links und rechts, der alte Buick ächzt und quietscht. Zum Glück ist auf der Interstate kaum Verkehr.

Während Robbie die Nummernschilder für unsere Motorräder abholt, kaufen wir schnell das Wichtigste ein. Jeans für sechzehn Dollar, einen „Rand McNally Road Atlas“, Sonnenöl und für jeden von uns ein blaues Cowboyhemd. Robbie wartet schon wieder in einer Cafeteria in der supermodernen, klimatisierten und ziemlich menschenleeren Einkaufsstadt. Die rotweißen Licence-Plates des „State of Mississippi“ liegen auf dem Tisch. Jedes hat 28 Dollar gekostet und gilt zwei Jahre. So einfach ist das hier. Wir wissen natürlich, daß wir das alles nur Robbie zu verdanken haben – er hat überall Freunde und Beziehungen. Speziell für Motorradtouristen ist es wichtig, in Amerika einen zuverlässigen Betreuer zu haben. So sind wir auch übereingekommen, daß wir die lästigen und zeitraubenden Kundendienst-Checks, die bei neuen Maschinen etwa alle 500 Meilen vorgeschrieben sind, selber machen. Geht trotzdem etwas kaputt, übernimmt Robbie auf Garantie alle Kosten, egal wo wir sind. Das gibt uns natürlich ein enormes Gefühl von Sicherheit und Zuversicht, auch in Notfällen nicht ganz hilflos dazustehen.

Für Robbie ist das alles wie üblich „no problem“. Gutgelaunt kutschiert er uns zu seinem Laden in Gulfport, wo Jürgens nagelneue FXE wartet. Unterwegs fällt mir was ein.

„Robbie, kann ich nicht noch rasch meinen US-Führerschein machen?“

„Na klar – aber wozu, du hast doch einen Führerschein?“

Ich erkläre ihm, daß bei Kontrollen den Polizisten das vertraute Kärtchen sicher sympathischer ist als ein unleserliches Dokument in fremder Sprache mit sonderbaren Stempeln. Aber eigentlich ist es so etwas wie eine Prestigefrage für mich, der goldene Schlüssel zum wahren Easy-Rider-Himmel, gewissermaßen der erste Schritt zu den höheren amerikanischen Motorradweihen. Robbie schüttelt den Kopf. Ihm ist soviel Theater um ein läppisches Stückchen Pappe unbegreiflich. „Well, wenn du willst, fahren wir gleich mal vorbei. Die Beamtin dort ist eine alte Freundin von mir, die ich schon lange nicht mehr gesehen habe."

Im Innern des schmucklosen Public Safety Department Office sitzt eine junge und ausnehmend hübsche Schwarze in einer sagenhaft schicken Polizeiuniform hinter einem Schalter voll Apparaten, Tastaturen und Telefonen. Während ich den Antrag ausfülle, so gut ich kann, redet Robbie auf die freundlich zuhörende Beamtin ein. Es geht um die ID-Number, die eigentlich nur einem amerikanischen Bürger zusteht. (ID-Number ist die amerikanische Abkürzung für Identification-Number, was soviel wie Personenkennzeichen bedeutet.)

„Weißt du, der Gentleman hier will den Führerschein eigentlich bloß als Souvenir mit nach Deutschland nehmen. Seinen eigenen hat er ja sowieso immer dabei."

„Ach so! Na ja – mal sehen, was ich tun kann." Die schmucke Dame telefoniert mit einem unsichtbaren Gott.

„Hier ist ein German fellow, der eine Licence haben möchte – hast du eine ID-Number frei?"

Der göttliche Partner hat offensichtlich.

„Kabine fünf, bitte!"

Vor mir erscheint auf einem kleinen Leuchtpult die erste Frage, drei Drucktasten für drei Antworten, eine Korrekturtaste und eine zum Weitertransport. Ich blicke fragend zu Robbie. „Drück nur zu – was du halt für richtig hältst", ermuntert er mich. Ich bin aufgeregt und bemühe mich, die Frage genau zu übersetzen. Mein Gott, ist das einfach. Ich drücke Taste zwei.

„Correct", leuchtet es auf. Na, bitte!

Ich drückte auf die „change"-Taste, und das nächste Fragebild erscheint. Prompt erwische ich „wrong". Ich versuche mich zu konzentrieren. Dann durchschaue ich das System. Völlig ohne jeden Hintersinn zielt jede Frage auf eine klare Antwort nach gesundem Menschenverstand. Als ich die vierzig Fragen durchgedrückt habe, muß ich noch den Sehtest machen.

„Five Dollar, please!"

Ob ich im Falle eines plötzlichen Todes meine Organe einer medizinischen Institution vermache? Na, aber selbstverständlich! Kreuzchen und ein freundliches „bye-bye". That's it! Nach knapp zwanzig Minuten habe ich die begehrte „operator's licence" in Händen. Ein kleines unscheinbares grünes Kärtchen.

Die Harleys werden besichtigt

In Robbies Showroom an der staubigen Main Street von Gulfport sieht Jürgen zum erstenmal seine Harley. Er ist sofort davon hingerissen und umkreist mit schlecht gespieltem Gleichmut das chromblitzende Ungetüm. Es ist vornehm dunkelbraun metallic lackiert und ruht massig auf seinem weit abgestreckten Ständer. Als sich Jürgen auf den bequemen breiten Sattel fallen läßt und die sechs Zentner hochwuchtet, schnappt der Ständer nach leichter Berührung mit einem harten metallischen Knall zurück.

„Meine Güte, was für ein Lenker!" Jürgen lehnt sich mit ausgestreckten Armen zurück. „Wenn ich da an meine Vespa denke!"

Robbie bittet mich, die neue FXE vorsichtig die zwanzig Kilometer bis zu seiner Werkstatt nach Ocean Springs zu fahren. „Und nicht über fünfzig Meilen, bitte!"

Als ich auf den Anlasser drücke, bullert der gewaltige 80-cubic-inch-Motor sofort los. Kupplung und Schaltung gehen wie Butter, wenn man von dem obligaten „Klack" absieht. Vorsichtig rangiere ich das heiße Gerät aus dem Laden.

Tanken muß ich auch noch. Aber es gibt kein Super, nur „regular“ (normales) oder bleifreies Benzin.

„Don’t worry!“ ruft mir Robbie zu, der hinter mir seinen Buick auch noch auffüllt. „Bis nach Hause geht’s schon.“

„Und fahr ja nicht über fünfzig!“ brüllt mir Lixi feixend aus dem Rückfenster zu. Jürgen beobachtet mißtrauisch, wie ich mit seinem kostbaren Vehikel umspringe.

„Keine Panik, mein Lieber, genieße lieber deine vorläufig letzte Autofahrt!“

Ben, Robbies langjähriger Chefmechaniker, empfängt uns mit breitem Grinsen, lässig an die Tür der idyllisch gelegenen Werkstatt gelehnt. Im Gegensatz zu Robbie ist er die Ruhe selbst. Jeder Handgriff von ihm sitzt exakt nach kühler Überlegung, jedes Wort ist mit Bedacht gewählt. Vor Monaten habe ich ihm und Robbie eine genaue Beschreibung mit vielen Detailzeichnungen geschickt, wie ich mir eine Super-Harley vorstelle, mit der ein junges Mädchen Amerika erobern soll.

Ben weiß natürlich, was ich sehen will, und führt uns stolz in sein wohlsortiertes Königreich. Ich brauche nicht lange zu suchen, unsere spezielle „Electra Glide“ fällt sofort unter den vielen abgestellten Motorrädern ins Auge.

Ein schwarz glänzendes Monster – in der Perspektive mehr breit als lang –, chromblitzende Doppelstoßstangen rundum, Schutzbleche und Trittbretter wie Oldtimer-Autos, auf dem weit ausladenden Doppeltank mit den herrlichen Rundungen die klassische Armaturenkonsole. Der elegante, flache, langgezogene Doppelsattel ist aus mattschwarzem Leder, und der gewaltige, überbreite Lenker ruht auf weitgespreizten unverkleideten Gabelholmen. Vorn wie hinten auf massigen Chromfelgen je ein lastwagendicker Reifen.

„O. k.?“

Ich nicke, schaue Lixi an und sage nur: „. . . ist deine!“

Sie schwingt sich zögernd auf den tief einfedernden Sattel.

„Fährt denn das Ungeheuer auch?“

Lixi studiert die „Anleitung" für ihre Harley – hinter ihr Robbie

„Try it!"

Benzinhahn auf, Zündung, Choke raus, zweimal einspritzen, Gas zu und Starter drücken. Der bullige 1200-Kubikzentimeter-Motor springt mit sattem Donnern an. Die Explosionstakte – fein säuberlich einer nach dem anderen – schütteln im Leerlauf Maschine und Reiterin mit solcher Gewalt, daß Lixi vorsichtig am Gasgriff dreht. Sofort steigert sich das dumpfe Grollen zu aggressivem Brüllen und läßt den Boden, die Wände und uns selber erzittern. Ein paar ohrenbetäubende Explosionen, ein paar grelle Flammenblitze aus den ungedämpften dicken Auspuffrohren runden das Spektakel ab. Mit einem Schluchzer bleibt der schwere Motor stehen.

Ben grinst. „Spezialanfertigung!"

Ein bißchen blaß und mit sichtlich weichen Knien steigt Lixi von ihrem Sieben-Zentner-Stahlkoloß.

Hinten in der Ecke steht meine „Superglide". Sie wirkt fast zierlich gegenüber Lixis riesiger „Electra Glide". Die 1200-ccm-FX ist schon einige Jahre alt und hat den amerikanischen Kontinent bereits mehrere Male durchquert. Auch ist sie mehr wie ein „chopper" (speziell umgebautes amerikanisches Motorrad mit langer Gabel ohne Verkleidung oder Zubehör) aufgebaut: verlängerte Gabel, schmales Vorderrad, kleiner Zehnlitertank, vorverlegte Fußrasten, hoher Rückbügel – der „sissy bar" – und eine Sitzbank, die fast auf den beiden dicken Zylindern aufliegt. Und natürlich offene Rohre. Man will die munteren fünfundsechzig Pferdchen ja schließlich auch hören.

Gefährlicher Eingriff

„Kommt, Kinder, laßt uns endlich umpacken!"

Wir schieben unsere Maschinen alle in die geräumige Garage von Robbies Haus, das gleich gegenüber liegt. Es ist von Kiefern umgeben und daher etwas kühler. Ruby und ihre beiden Töchter Pam und Renee helfen uns. Die Mädchen haben Lixi sofort ins Herz geschlossen, was allerdings nicht heißen soll, daß wir vernachlässigt worden wären. Schon nach wenigen Minuten gehören wir sozusagen zur Familie. Rings umher ein weitverstreutes Chaos von Ausrüstungsgegenständen aller Art. Ben und Jürgen sitzen vor der FXE im Sand und fummeln mit vielen „Ahas“ und „Sosos“ an jeder einzelnen Schraube herum. Robbie tanzt aufgeregt um den Grillofen und füttert ihn mit saftigen, weithin duftenden Steaks.

Es stellt sich schnell heraus, daß wir viel zu viele Sachen haben, die wir einfach nicht unterbringen können. Allein die 16-mm-Kamera und die Unmengen Filmmaterial ergeben ernste Platzprobleme. Außerdem ist meine rechte Seitentasche schon fast voll mit Werkzeugen und Ersatzteilen. Schweren Herzens sortiere ich aus: Turnschuhe, Hemden, Unterwäsche, Pullover, Socken, Lexikon, Teleobjektiv, Waschbeutel, Überbrille, Sonnenöl, Reservekanister, Trockenkocher, Eßgeschirr, Notkonserven, Regenkombi – wenn das nur gutgeht! Aber es bleibt immer noch genug übrig.

Jürgen stopft ungerührt alles in seinen Seesack, der zu immer

Wie eine Riesenwurst thront Jürgens Seesack auf der Harley

beängstigenderer Größe anschwillt. Er hat als einziger keine Packtaschen an seiner Harley, sondern hinten einen hoch aufragenden massiven Bügel, an dem er seine Riesenwurst festzurrt. Lixis Electra Glide bleibt dagegen weitgehend von unförmigem Ballast verschont. Da das schwarze Monster ständig als Foto-Objekt gebraucht wird, will ich seine rassige Form nicht durch häßliches Gepäck verunstaltet sehen. Dafür ist meine gute alte Superglide bald mit Schlafsäcken und Zeltplanen hoffnungslos überladen und ähnelt immer mehr einem Trödelkarren als einem tourenfertig gepackten Motorrad.

Am nächsten Morgen sitzen wir in einem kleinen Schnellimbiß an dem Highway 10, der nun für Tage unsere Heimat sein wird, und stochern unlustig in Spiegeleiern, Speck und Grits, (weiße Grütze, typisches Gericht in den Südstaaten) herum. Das Wetter ist umgeschlagen, die Luft schwer von Feuchtigkeit, es herrscht eine dumpfe Schwüle, und ein stumpfes, unheildrohendes Grau verhindert den Blick in die Ferne, in der sich das endlose Doppelband der Straße zwischen grünen Baumwällen und grellen Reklametafeln verliert.

Wir holen bei Robbie die bepackten Maschinen aus der Garage. Ben prüft gerade alles nochmals durch. Irgend etwas mißfällt ihm an Lixis FLH. Er wuchtet sie in die Werkstatt.

„Was ist los, Ben?"

„Der Befestigungsbolzen vom Armaturen-Cover ist gebrochen."

„Na und?"

„Muß man schweißen", brummt Ben und holt das Elektroschweißgerät.

„Ben, um Gottes willen, der Bolzen ist auf dem Tank befestigt, und der ist voll Benzin!"

„Bist ein schlaues Kerlchen, und was schlägst du vor?"

Ich weiß auch keine Antwort und renne los, um meine Kamera zu holen. Obwohl ich nicht sehr mutig bin, habe ich doch eine makabre Vorliebe für Katastrophen. Robbie saust mit tropf-

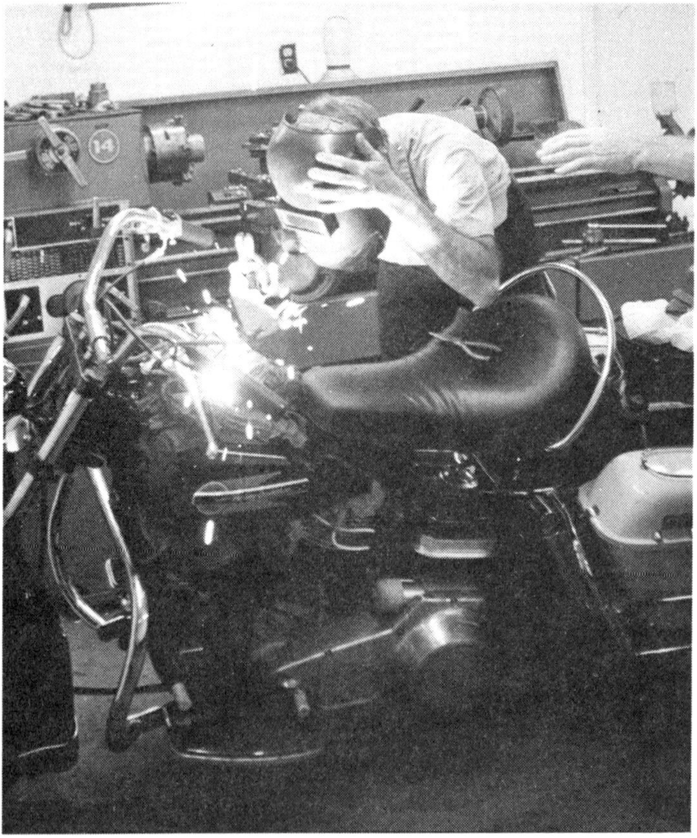

Hier kommt es auf Bruchteile von Millimetern an . . .

nassen Lappen herum, mir zittern die Hände, langt da ein Hundertstel? Mit ruhigem Griff setzt Ben die Elektrode an den Tank. „Ich hoffe, ich bin immer ein artiger Junge gewesen . . .“, murmelt er.

Der grelle, bläulichweiße Lichtblitz wirft zitternde Schatten an die Wand. Ich halte den Atem an. Eigentlich müßten wir jetzt alle in einer gewaltigen Explosion in die Luft fliegen. Eine millimeterkleine Abweichung beim Schweißen würde genügen. Aber nur das Knacken und Knistern des Lichtbogens ist zu hören. Robbie preßt regungslos die nassen Lappen auf den Tank. Ein Funkenregen geht auf seine bloßen Hände nieder.

„Ready!"

Das Cover sitzt wieder fest.

Robbie fällt noch was ein: „Gebt auf das Benzin acht – nicht immer ist ‚premium' (Super) in den Zapfsäulen, auch wenn's draufsteht! Die Qualität hier im Süden ist miserabel."

Damit die empfindlichen Harley-Motoren, die nur hochoktanigen Treibstoff schlucken, nicht überhitzen, füllt er einige Dosen Spezial-Additiv in einen alten Plastik-Kanister, der fortan am Rückbügel von Jürgens FXE baumelt.

Gegen Mittag sind wir endlich soweit. Die drei vollgepackten schweren Motorräder stehen nebeneinander und sind ein stolzer eindrucksvoller Anblick. Sie demonstrieren Kraft, Selbstbewußtsein und Zuverlässigkeit. Wir ziehen die Handschuhe über und schnallen die Helme fest. Umarmungen, Küßchen. Robbie ist fast am Heulen.

„Ich wollte, ich könnte mit euch kommen!"

Und dann sagt er noch etwas, was uns die vielen langen Wochen nicht mehr aus dem Kopf gehen wird: „Harley-Davidson hat euch keine Motorräder verkauft, sondern einen ‚way of life' . . ."

Verdammter Regen

So richtig können wir es noch gar nicht fassen. Wir sind unterwegs. Der gewaltige Motor reißt uns vorwärts. Der Winddruck schiebt den Helm immer wieder hoch, der Kinnriemen zerrt an der Gurgel, das Gepäck im Rücken drückt, der vibrierende Lenker läßt die Knöchel schmerzen.

Aber langsam gewöhnen wir uns an die neue Fortbewegungsart, und wir fangen an, unsere Umgebung zu betrachten. Die schnurgerade Interstate 10 führt durch dichtbewaldetes, flaches Land und über mehrere Brücken nach Louisiana. Der Verkehr ist schwach, immer dasselbe Auto vor uns, immer dasselbe Auto hinter uns. Wir passen uns rasch an die übliche Geschwindigkeit von sechzig Meilen an, nichts verleitet uns zum Schnellerfahren. Der Motor läuft rund, die Fliegen, die uns ins Gesicht klatschen, tun noch nicht allzu weh, die zahlreichen Informationen und Hinweise, die links und rechts auf riesigen Schildern stehen, kann man in aller Ruhe lesen. Wir sind jetzt etwa zwei Stunden unterwegs. Die geruhsame, stets gleichbleibende Fahrweise beruhigt unsere Nerven, und wir finden Zeit, die ereignisreichen letzten Tage zu überdenken.

Je weiter wir nach Westen vorankommen, desto düsterer wird der Himmel. Wir passieren den Pearl River und verlassen Mississippi. Aus dem trüben Dunst ist feiner Sprühregen geworden, doch kurz vor New Orleans wird es wieder trocken. Auf dem Highway herrscht jetzt starker Verkehr, aber weite Abstände vermeiden jede Behinderung. Im stets gleichbleibenden Tempo von hundert Stundenkilometern donnern wir in den großräumigen, sechsbahnigen und mehrstöckigen „expressway“ ein. Riesige grüne Balken hoch über der Straße weisen uns den Weg. Ohne auch nur einmal das Gas wegzunehmen, wechseln wir mitten im dichten Lastwagen- und Autoverkehr mal hier und mal da die Fahrbahn, immer dem blauroten Wappen der US 10 Interstate West folgend. Die gigantischen Silhouetten von „downtown“ und dem Superdome – der größten Arena der Welt – ziehen linkerhand vorbei, dahinter glitzert die große Mississippischleife.

Ausfahrt Canal Street. Sie führt direkt zum French Quartier, dem historischen Kreolenviertel von New Orleans. Unwillkürlich fallen mir auch die anderen berühmten Straßennamen ein: Bourbon-Street, Basin Street und die Musik dazu, ohne die sie nicht denkbar sind. Später erzählt mir Jürgen, auch er habe in diesem Augenblick „When the saints go marchin' in" gegen den brausenden Fahrtwind gesungen.

Die lange Stadtdurchfahrt ist ein faszinierendes Erlebnis für Motorradfahrer. An der Spitze unserer kleinen „Kolonne" komme ich mir dabei vor, wie auf dem Führerstand einer Schnellzuglok. Mit gleichbleibend hoher Geschwindigkeit rauschen wir auf unserem Fahrgleis über Brücken und unter Brücken hindurch, die zwei- und dreistöckig in kühnen Bögen den Verkehrsstrom in schnellfließende Bahnen sortieren. Ständig münden neue Züge ein oder zweigen ab, queren und kreuzen sich, fahren eine Zeitlang zusammen und trennen sich wieder. Güterzüge, Lastzüge, Personen- und Expreßzüge. Und Motorradzüge wie wir.

Damit die Verständigung klappt, habe ich eine einfache Zeichensprache vereinbart: mehrfaches Abwinken mit der flachen Hand heißt „langsamer", mit dem Zeigefinger zum Boden stoßen: „anhalten", die ausgestreckte, gespreizte Hand heißt „Vorsicht, langsam – da ist was los!", vorbeiwinken: „fahrt gleichmäßig vor mir her, ich will euch filmen", und das Deuten auf den Tank soll heißen: „Bei der nächsten Tankstelle raus!"

Beinahe hätten wir die Ausfahrt „Causeway" verpaßt. Sie führt direkt zur längsten Brücke der Welt, über den Lake Pontchartrain. Vorher müssen wir noch tanken, sonst schaffen wir die vierzig Kilometer lange Straße übers Wasser nicht. Am „toll-gate" zahlen wir unseren Dollar pro Maschine und dann wagen wir uns auf die gigantische Konstruktion. Mitten auf einer hochgelegten Schiffsdurchfahrt bleiben wir stehen, um den einmaligen Ausblick zu genießen und zu fotografieren. Es ist zwar streng verboten, aber die Motorräder nehmen, dicht ans Brückengeländer gelehnt, kaum Platz weg. Da das Wetter nicht klar ist, können wir keines der beiden Ufer sehen, zu denen die schnurgerade weiße Doppel-

Auf der längsten Brücke der Welt

linie hinführt. Sie wird von Tausenden von Pfählen getragen, das Wasser darunter ist von tiefdunklem, fast schwarz wirkendem Indigoblau.

Wir haben einmal einem neugierigen Tankstellenboy auf die Frage, woher wir kämen, erzählt, daß wir auf der großen Brücke von Europa über den Atlantik gefahren sind. Er hat es staunend geglaubt, und wir wissen jetzt auch warum. So etwa müßte sie aussehen.

Bei Hammond geht es wieder nach Westen auf die Interstate 12, die dann eine Stunde später vor Baton Rouge in die Interstate 10 einmündet. Es beginnt leicht zu regnen, und von der berühmten Südstaaten-Metropole Baton Rouge, die in so vielen Liedern besungen wird, sehen wir nicht viel. Als wir nach stundenlanger Fahrt unter einer schützenden Brücke stehenbleiben und auf die nasse und verknitterte Landkarte blicken, erschrecken wir über die winzige Strecke, die wir bisher zurückgelegt haben. Wir fangen an, die Meilen (1 Meile = 1,6 km) zu fürchten und die Entfernungen zu begreifen. Das Abenteuer nimmt langsam Gestalt an.

Im riesigen Sumpfbecken des Atchfalaya-River, das die Interstate lange Zeit auf schwankenden Stelzen überquert, sind wir mitten in den verträumten Bayous – den Sumpfgebieten Lousianas –, den versunkenen Paradiesgärten der Vorzeit. Links und rechts tropischer Urwald, die weit ausladenden Bäume mit Lianen und moosigen Flechten bewachsen. Die Äste reichen bis ins schwarz glänzende Wasser, das wie Quecksilber zwischen dem grauen Wurzelgeflecht steht. Süße vanilleartige Düfte überdecken den schweren Modergeruch – Leben und Verwesung in enger Umarmung.

Einige Meilen vor Lafayette kommen wir zu einer Ausfahrt, die zu einer einsamen Tankstelle im Wald führt. Sie liegt etwa zwei Meilen nördlich der Interstate 10 und wird hauptsächlich von Lastwagenfahrern angesteuert. Heute ist der ölverschmierte Rastplatz jedoch leer. Das Benzin ist ausgegangen. Trotzdem ist der Tankwart noch da. Er verkauft Kartons mit Dosenbier (legal) und Schnaps (illegal). Ein einträglicher Nebenverdienst. Spezieller Abnehmer ist eine wilde Horde grölender Gestalten, die gerade ihren verbeulten „pick-up“ (kleiner Pritschenlaster) mit einer Ladung „Schlitz“ für irgendeine Party vollpacken. Drei der langhaarigen, bärtigen Burschen tragen dreckstarrende Jeanswesten und zerrissene Hosen. Ihre nackten Arme sind über und über tätowiert. Ein barfüßiges Mädchen von undefinierbarem Alter hat ein fest verknotetes Stirnband über ihre fettigen Haarsträhnen gespannt. Alle singen und lassen die schmuddelige Schnapsflasche rundum gehen.

In diese „idyllische" Szenerie fahren wir suchenden Blickes ein, ich mit dem letzten Tropfen Sprit im Tank. Lixi lenkt ihre schwere Maschine genau vor das „no gas"-Schild und läßt sie, federnd im Sattel sitzend, auf den Seitenständer kippen. Sie nimmt den Helm ab und schüttelt ihre blonde Mähne heraus.

„So'n Mist, was machen wir jetzt?"

Ihre regennasse schwarze Nappalederhose glänzt unter dem dunklen Tankstellenvordach. Die wilde Crew erstarrt und stiert sie an.

Dann nähert sich zuerst das Mädchen und bietet Lixi die verschmierte Flasche an.

„Need help, eh?"

Die anderen springen von ihrem fahrbaren Schrottplatz.

„Where you from, guys?"

Wir sagen ihnen, daß wir aus Germany sind. Als ob die Sonne aufgehen würde, erhellten sich ihre Mienen. Sie lachen, rülpsen und klopfen uns auf die Schultern. Aus old Germany, na so was! Sie kippen eine ganze Gallone Benzin aus ihrem Reserve-Kanister in meinen Tank.

„Das langt bis zur nächsten „gas station, kraut, have a good time!" Sprechen's und brausen mit großem Getöse und Gejohle davon.

Der Tankwart, der alles interessiert mitangehört hatte, meint entschuldigend: „Sind ja brave Spinner, aber ein wenig ungebildet." Und dann schwärmt er von seiner Militärzeit in der „beautiful Heidlbörg area".

Durch ölschillernde Pfützen fahren wir wieder hinüber zur Interstate. Es regnet und regnet, und langsam wird es dämmrig.

500 km sind kein Pappenstiel

Völlig benommen und zerschlagen wache ich auf, und es dauert lange, bis ich mich in dem finsteren Raum zurechtfinde. Es ist Donnerstag morgen, halb acht Uhr. Wir sind offensichtlich in einem luxuriösen Hotel gelandet. Nur langsam kehrt die Erinnerung zurück. Ich kann vor Schmerzen kaum aufstehen, schleppe mich zum Fenster und schiebe den dicken Vorhang ein wenig zur Seite. Mit verklebten und verquollenen Augen blicke ich voll Entsetzen auf eine eintönige, graue Landschaft. Es regnet.

Lixi und Jürgen schlafen wie tot. Ich rüttle sie wach.

„Wollt ihr wohl raus, ihr werdet nicht fürs Schlafen bezahlt!"

Jürgen starrt mich völlig geistesabwesend an.

„Daß einen diese Feldwebeltypen immer mitten in der Nacht wecken müssen, ich muß doch erst um zehn im Geschäft sein!"

Lixi klagt über starke Kopfschmerzen, und Jürgen wird von großen Moskito-Quaddeln geplagt. Allen steckt die gestrige 500-Kilometer-Fahrt in den Knochen. Hatten wir uns da doch zuviel zugemutet? Aber wir müssen weiter. In zwei Tagen erwartet uns Ilona pünktlich im Holiday Inn von Del Rio – bis dahin sind es noch gut 1500 Kilometer. Ich wage gar nicht erst auf die Karte zu sehen. Die Strecke, die für den heutigen zweiten Tag vorgesehen ist, hat schon auf dem Papier erschreckende Dimensionen. Normalerweise müßte sie um diese Jahreszeit eine sonnenflirrende endlose Betonpiste durch Wälder, Sümpfe und über schwankende Brücken sein. Aber draußen im Westen türmt sich eine häßliche schwarze Wolkenwand auf, und ein kühler Wind bläst uns dicke Regentropfen ins Gesicht. Unsere Kleider sind noch feucht, die Lederjacken und Handschuhe tropfnaß, in den Stiefeln steht das Wasser. Die leichten Regenkombis sind nicht für Dauerregen geschaffen. Und meine liegt in Robbies Garage.

Beim Frühstück, das wir in der stockdunklen und unterkühlten Hotelbar mehr riechen als sehen, frage ich die beiden über ihren Zustand ab. Tapfer heucheln sie frischen Unternehmungsgeist, aber schon beim Packen sehe ich ihre schlechte körperliche Verfassung.

Um halb zehn Uhr verlassen wir Lafayette. Es sind etwa 18 Grad, und wir frösteln etwas im Fahrtwind. Aber auf unseren Motorrädern erholen wir uns erstaunlich rasch. Auch der leichte Regen ist erträglich, wir werden sogar langsam trocken. Entscheidend aber ist das gute Gefühl, daß wir es geschafft haben, wieder auf der Straße zu sein, den frischen Fahrtwind zu spüren, das vertrauenerweckende Donnern der Motoren zu hören und die süßen Düfte zu riechen, die bei feuchtem Wetter besonders stark aus den Bayous herüberwehen.

Die Interstate 10 West zieht sich endlos hin. Nicht daß es uns langweilig wäre – schon allein das Empfinden der endlosen Weite ist aufregend genug. Wir wissen zwar, daß da irgendwo seitwärts ziemlich große Städte sein müssen – die zahlreichen, sich von Zeit zu Zeit häufenden Reklameschilder weisen unübersehbar darauf hin. „Take exit 258 west – 3 miles south" schreiben sie vor und fordern, daß man Tankstellen, Motels, MacDonalds oder sonst irgend etwas irrsinnig Einmaliges aufsuchen solle, um nichts zu versäumen. Aber entlang der Interstate selbst ist es gleichbleibend einsam – nur Wälder, Sümpfe mit kahlen Baumstämmen und ein paar Telegrafenstangen, die schief im Wasser stehen, ziehen vorbei. Einige Ölförderpumpen nicken langsam zwischen den Mangrovenwurzeln vor sich hin – überdimensional, und doch passen sie irgendwie in diese seltsame Landschaft. Ab und zu ragt ein haushohes, riesiges Tankstellenschild von Shell, Gulf, Shevron oder Texaco von ferne über den grünen Wall vor uns. Dann kommt wieder eine Abfahrt. Aber wo sind die Städte? Crowley erleben wir nur kurz als endlose Zufahrtsstraße, die mit vielen bunten Reklametafeln die Interstate unterquert. Wir wissen auch, daß wenige Meilen südlich die Schwesterstraße der Interstate – der Highway 90 – immer noch nebenherläuft. Sie führt durch alle Orte, von denen wir nichts sehen. Eigentlich schade – aber wir wollen ja weiter. Texas scheint ferner denn je.

Jürgen hört Geräusche

Nach ein paar Stunden eintöniger Fahrt häufen sich die Reklameschilder, der Wald weicht zurück, Häuser tauchen auf und größere Bauten mit häßlichen alten Ziegelfassaden, blinden Scheibenflächen und viel Rost und Schutt drum herum. Es ist Lake Charles – Hafen und Industriestadt. Plötzlich zieht Jürgen vorbei und fährt rechts raus. Wir halten neben der Straße. Es ist kurz nach zwölf und ziemlich schwül, aber trocken.

„Ich verlier meinen Tacho."

Es stellt sich heraus, daß die Tachometerkonsole nur noch locker an einer der beiden in Gummi gelagerten Schrauben hängt. Der Fehler erweist sich als komplizierter. Meine erste Idee, die Konsole provisorisch mit Draht festzubinden, läßt sich nicht verwirklichen. So muß Lixi das Werkzeug herauspulen und nach einer geeigneten Schraube mit Kontermutter suchen. Was man nicht alles braucht!

Jürgen macht ein kummervolles Gesicht.

„Irgend etwas stimmt nicht mit der Kiste – die Geräusche werden immer stärker!"

„Was denn für Geräusche, um Himmels willen?"

„Hört sich an, als ob was im Getriebe schlägt."

„Na, laß doch mal hören!"

Wir lassen den Motor an. Der schwere Zweizylinder läuft ruhig und sauber – aber da! Ganz unregelmäßig: klack – klack,

klack. Es klingt aber nicht sehr gefährlich. Die Primärkette kann es nicht sein – dafür sorgt der automatische Kettenspanner. Aber der Motor kann's auch nicht sein, der läuft rund und sauber. Und das Getriebe ist ausgekuppelt. „Jetzt laß uns noch ein Stück weiterfahren und sehen, ob's schlimmer wird!"

Lixi ist inzwischen fertig. Sie hat die Schraube hingepfriemelt, den ganzen Eisenkram wieder in den Packtaschen verstaut und reinigt sich ihre Finger nach alter Mechanikerart: mit Taschentuch und Benzin.

Wir schwenken zurück auf die Interstate, die gerade vor uns eine unglaublich hohe Brücke über den Hafen von Lake Charles in steiler Auffahrt erklimmt. Schade, daß man auf der engen Stahlkonstruktion nicht stehenbleiben und ein paar Fotos machen kann – ein Blick wie von einem Kirchturm.

Nach einer knappen Dreiviertelstunde geht es nochmals über eine hohe Brücke. Sie führt über den Sabine-River, den Grenzfluß zwischen Louisiana und Texas. Unmittelbar hinter der Brückenabfahrt liegt das „Texas Tourist Bureau" und vermittelt den Eindruck, als ob man über eine Grenze in ein anderes Land gekommen sei. In einem schmucken modernen Naturstein-Flachbau gibt's kostenlos Karten, Informationen und eine Unmenge schöner bunter Prospekte. Nur leider nichts zu trinken. Aber hinter dem Schalter sitzt eine nette Dame, die schon ganz automatisch Texas-Karte und Gelbstift in die Hand nimmt, um uns die schönste Reiseroute einzuzeichnen.

Wir brauchen eigentlich mehr den nächsten Harley-Händler und einen Tip, wie man zu ihm hinfindet. Die lächelnde Lady zögert keine Sekunde, nimmt das Telefonbuch von Beaumont und blättert in den „yellow pages" (dem Branchenverzeichnis).

„Harley-Davidson? It's 3003 Railroad Avenue!" Und schon zeichnet der Gelbstift auf dem Stadtplan von Beaumont eine dicke Linie, wo's lang geht.

„No problem and have a good time in Texas!"

Hoffentlich ist der Schaden jetzt behoben!

Ihr Wort in Gottes Ohr!

Draußen schon wieder Chaos. Jürgen hat seine Dokumententasche verloren. Geld, Paß, alles. Ich versuche die Nerven zu behalten und frage: „Wo warst du denn zuletzt?"

„Du bist doch zum Schluß auf dem Parkplatz herumgefahren – wegen der verdammten Geräusche!"

Wir gehen die Strecke ab. Etwa hundert Meter weiter liegt der Brustbeutel. Ein Auto war auch noch drübergefahren. Jürgen hatte in der Hitze seine Jacke ausgezogen, die hinderliche Tasche auch abgenommen und auf seinen Seesack gelegt. Ich hab's nicht bemerkt, und so war's passiert. Immerhin – der Schock sitzt und ist heilsam.

Zur Entschädigung sieht Jürgen seinen ersten „humming-bird" – einen schwirrenden Kolibri – im blühenden Gebüsch.

Um zwei Uhr mittags rauschen wir in geschlossener Formation vor den Harley-Laden. In dem kühlen dämmrigen Verkaufsraum ist ein jüngeres Pärchen damit beschäftigt, Ersatzteile aus einem Blätterwust von Katalog herauszusuchen. Vor dem abgeteilten „office" sitzt ein behäbiger dicker Texaner im Schaukelstuhl, den obligaten Stetson-Hut in der Stirn, und schiebt starren Blickes wortlos eine riesige kalte Zigarre von einem Mundwinkel zum anderen. Man nimmt uns gar nicht zur Kenntnis – so scheint es uns.

Nachdem wir lautstark die dritte Cola aus dem Automaten gedrückt haben, endlich ein vielsagender Blick aus der Tiefe des Ersatzteillagers.

„Well, guys – can I help you?" (Na, endlich!)

Wir erklären unser Problem. Tja – für Geräusche ist der Chefmechaniker zuständig. Es dauert. Vier weitere Coladosen sollen unsere Ungeduld signalisieren (gequälter Blick aus dem Ersatzteillager).

Endlich der Chefmechaniker. Freundlich und zuvorkommend hört er sich das ekelhafte „Klack – klack" an.

„Getriebe-Hauptlager!“

Und ohne ein weiteres Wort schiebt er Jürgens nagelneue FXE in die rückwärtige Werkstatt.

Inzwischen geht draußen ein warmer Platzregen runter. Ich gehe hinein und versuche mit dem schaukelnden, hutbedeckten Koloß ins Gespräch zu kommen. Er redet, ohne mich anzusehen mit der Zigarre im Mund, und es stellt sich heraus, daß er der Boß ist. Zur Harley hat er kein besonderes Verhältnis.

„Well, Mister, zu teuer die verdammten Maschinen – kein großes Geschäft zu machen!“

Als er hört, daß wir aus München kommen, taut er plötzlich auf und ist die Freundlichkeit selbst. BMW – das wär sein Traum (natürlich ist er früher mal eine gefahren!) – verdammt gute deutsche Wertarbeit! Und dann verfällt er wieder in tiefes Brüten. „. . . aber die Kerle sind einfach zu arrogant. Aufgeblasene Burschen, schade drum – so werde ich doch besser die verdammten Japaner verkaufen!“

Der Mechaniker erscheint und überfällt den Boß mit unverständlichem Technik-Gemurmel. Der blickt uns müde an.

„Well, Freunde, is'n Garantiefall – dauert mindestens zwei Tage! We need your warranty.“

Die Garantiekarte! Genau die haben wir nicht. Wir hatten es satt, alle Tage für den 500-Meilen-Kundendienstcheck stundenlang festzuliegen und für nichts und wieder nichts fünfunddreißig Dollar zu bezahlen, nur um die nötige Eintragung in die Garantiekarte zu bekommen. Nach 6000 Meilen – also auf halber Strecke – war die Garantie dann sowieso vorbei, dann würde Robbie einspringen.

Aber jetzt ist guter Rat teuer.

„Rufen Sie doch mal Harley-Davidson in Ocean Springs an!“ (Auf unsere Kosten, versteht sich.) Großes Palaver. Nein, das wäre nichts.

„Na, dann reparieren Sie es, und wir bezahlen es.“

Nein, das wäre auch nichts, das sei nun mal ein Garantiefall, und ohne das Werkstattbuch ginge da nichts.

Die Zeit vergeht, die Harley steht unverändert in der Werkstatt, und der Boß schiebt schaukelnd und abwesenden Blickes seine Zigarre hin und her.

Da fällt mir ein alter Trick ein. Wir nehmen den Chefmechaniker beiseite und schieben ihm eine Zwanzigdollarnote in die Tasche (schwacher Protest), und siehe da – der Zauber wirkt. Sofort steht uns die Werkstatt („keep out") weit offen, und mit schnellen, routinierten Handgriffen wird die Harley zerlegt.

Wir bekommen erklärt, was los ist: Der eingefräste Lagerschalensitz ist um ein Zehntel Millimeter (!) zu groß geraten. Es ist ein bekannter Fehler bei diesem Modell, und alle Harley-Händler sind darüber per Rundschreiben informiert worden. Was mir völlig absurd erscheint – es gibt Lager, deren Passung ein Zehntel Millimeter kleiner ist. Und unser Chefmechaniker hat so eines, mißt es aus, zeigt es uns und baut es ein. Es paßt, und wir sollten nie wieder Probleme damit haben. In einer Stunde ist alles wieder zusammengeschraubt, gleich noch die Kupplung neu eingestellt und das Öl gewechselt. Full service. Kosten?

„Nur das Öl – geht alles auf Garantie, you're welcome!"

Nach herzlichem Abschied – sogar der Boß nimmt die Zigarre aus dem Mundwinkel – haben wir das Gefühl, neue Freunde gefunden zu haben. Die hübsche Frau des Ersatzteil-Sortierers winkt uns noch lange nach. Sie fährt auch eine Harley – ein wahres Höllenmonster von „chopper".

Inzwischen ist es fünf Uhr geworden – wir haben einige Stunden „verloren". Es ist sehr diesig und regnet leicht. Jetzt macht sich auch das nagende Gefühl im Magen bemerkbar.

„Laßt uns doch mal irgendwo was essen!"

Wir fahren ziemlich lange suchend die Railroad Ave hinunter nach Süden, Richtung Port Arthur, bis in dem Gewirr von Hütten, Stangen, Drähten und Reklametafeln endlich das vertraute rot-gelbe „M“ auftaucht. Wir frösteln in dem völlig unterkühlten Lokal in unseren feuchten Sachen. Bei Hamburgers und „french fries“ brüten wir über der Karte. Aus Zeitmangel müssen wir den ursprünglichen Plan, über Port Arthur entlang der Golfküste auf der US 87 nach Port Bolivar-Galveston zu fahren, fallenlassen. Wir beschließen, den schnellsten Weg nach Corpus Christi zu nehmen. Er führt auf der US 10 Interstate bis Houston und dann auf der US 59 weiter nach Südwesten in Richtung Victoria.

„Fahren wir eben, so weit wir kommen!“

Blindfahrt

Als wir wieder auf der Interstate 10 sind, baut sich hinter dem dunstigen Grau, in das wir hineinfahren, eine drohende Schwärze auf. 18 Uhr – ist das schon die Dämmerung? Kurz nach Winnie fängt es heftig zu regnen an, gleich danach wird es dunkel. Das eintönige Wiesenland mit Buschwerk und Baumgruppen verschwindet in der Finsternis. Gerade noch lesbar im müden Strahl unserer Scheinwerfer: Houston–Pasadena, 60 Meilen (= 100 Kilometer).

Mir ist ein bißchen unheimlich zumute, und zum erstenmal beschleicht mich so etwas wie das Gefühl von Angst und Einsamkeit. Die nasse Betonpiste führt geradewegs in eine unsichtbare dunkle Ferne. Das vertrauenerweckende Dröhnen und Donnern des Motors geht im prasselnden Regen unter. Im vibrierenden Rückspiegel sehe ich zwei schwache, flackernde Lichtpunkte: Lixi und Jürgen. Die Riesenstadt Houston will und will nicht kommen – langsam verliere ich das Gefühl für die Zeit. Alles scheint unwirklich zu werden. Sind wir denn in Texas, im heißen Sonnenland? Oder ist das alles ein böser Traum? Die

Aus dem dunstigen Grau wird bald eine drohende Schwärze

Regentropfen schmerzen auf Nase und Lippen, ich muß das Tempo drosseln. In kalten Rinnsalen kriecht die Nässe unter die Jacke und tropft auf den Bauch und in die Hose. Kein sehr erhebendes Gefühl.

Endlich der Highway-Loop von Houston: die 610 Interstate. Ich habe die Karte genau im Kopf. Wir müssen den Nord-Ring durchfahren, die 10 kreuzen und dann die Abfahrt 59 South nehmen. Ganz unvermittelt wird der Verkehr wieder dicht. Der Umgehungsring ist eine riesige vier- und teilweise sechsspurige Autobahn mit zahlreichen Aus- und Einfahrten. Und ehe ich überhaupt begreife, was vorgeht, befinden wir uns in einer außerordentlich gefährlichen Situation. Der Regen hat das Ausmaß eines bösartigen Wolkenbruches angenommen und drischt in Sturzbächen herunter. Ich muß meine Brille abnehmen und bin dadurch fast blind. Die in schmerzenden Lichtreflexen versinkende Umgebung zwingt mich, die Augen fast ganz zuzumachen, und ich muß mit der Geschwindigkeit weiter bis auf etwa 20 Stundenkilometer heruntergehen, der Motor stottert im ersten

Gang unregelmäßig vor sich hin.

Zu allem Überfluß ist hier eine Mindestgeschwindigkeit von 40 Meilen vorgeschrieben. Autos und Trucks rauschen im 60-Stundenkilometer-Tempo gefährlich nah vorbei und bespritzen uns ununterbrochen von oben bis unten. Wasserfontänen klatschen auf mich ein, der Sog schüttelt an der Maschine und droht, sie aus der Spur zu reißen. Ich bin anscheinend auf einer der mittleren Fahrspuren und kann keine Verkehrsschilder mehr entdecken oder gar entziffern. Wo sind Jürgen und Lixi? Sind sie noch hinter mir? Können sie diese mörderische Strecke durchhalten? Was tun, wenn wir uns verlieren? Oder hat ein Unfall die Reise schon beendet? Mir schießt es heiß und kalt durch den Körper. Ist das eine Scheißfahrt, wie kommen wir hier nur wieder raus? Mit aller Kraft muß ich meine wild schleudernde Harley halten, wenn der Seitenwind eines vorbeirasenden Sattelschleppers mir fast den Helm herunterreißt – dann bremst wieder eine unsichtbare Wasserlache die Maschine plötzlich und brutal ab. Es gibt nur eine Lösung: so schnell wie möglich runter vom Highway. Es will aber einfach keine Abfahrt kommen. Ich schlucke pausenlos Wasser, Dreck und Öl, huste, spucke, krieg keine Luft mehr. Verdammt, wo ist die nächste Ausfahrt? Ich blinke rechts. Hinten kann ich nichts erkennen, der Rückspiegel ist längst blind vor Nässe. Immer wieder fahren links und rechts schemenhafte Autokolonnen vorbei, ich finde einfach nicht auf den Standstreifen. Langsam steigt Panik in mir auf. Im letzten Moment sehe ich ein riesiges Ausfahrtschild über mir vorbeihuschen, ich drücke die Harley nach rechts. Kracht's? Nein. Ich komme auf die Abfahrt, und einige Augenblicke später stoppt mich eine Ampel.

Noch voll Entsetzen blicke ich mich um. Zwei Motorräder sind dicht hinter mir: Lixi und Jürgen – wir winken. Wir fahren links über die Straße zu einem hell erleuchteten Schnellimbiß. Minutenlang bleiben wir schweigend auf unseren Maschinen sitzen und genießen die Stille ringsum, das matte Neonlicht, die Pfützen, in denen sich der fast leere Parkplatz spiegelt, die friedliche Nacht. Es ist ziemlich warm, der Regen hat nachgelassen. Und dann erzählt Jürgen, der am Schluß fuhr, was wahrscheinlich eine Katastrophe verhindert hatte: die ganze Zeit fuhr hinter ihm ein Personenwagen mit eingeschalteter Warnblinkanlage. Der unbekannte amerikanische Freund hatte unsere Situation erkannt und das einzig Richtige getan. Er soll an dieser Stelle bedankt sein.

Über eine Stunde lang erholen wir uns bei Kaffee, Doughnuts und Milchshakes, dann hat es fast aufgehört zu regnen. Gegen halb elf fahren wir weiter.

Obwohl es uns endlos schien, sind wir erst die Hälfte des Stadtautobahnrings gefahren – die US 59 liegt noch einige Meilen weiter südlich. Wir haben ausgemacht, im nächstbesten Hotel zu übernachten. Aber es kommt keines. Nach einer halben Stunde sind wir auf der US 59 und haben das Stadtgebiet von Houston verlassen.

Ich fahre beim nächsten Ortsschild raus: „Rosenberg – 5 Miles". Wir kommen um Mitternacht in das kleine Texasstädtchen und fahren die lange Hauptstraße entlang – es ist wieder mal die US 90 –, aber alle Motels haben das rote „no"-Zeichen an. Was nützt es, ich muß etwas unternehmen. Ich biege also beim nächstbesten Motel ein und klingle. Nach einiger Zeit öffnet eine freundliche Dame im rosa Schlafrock und hört sich teilnahmsvoll die verfahrene Situation von drei dreckigen, nassen und fremden Motorradfahrern an, die unbedingt schlafen wollen.

„Hier in Rosenberg ist leider alles voll – aber kurz nach Beasley ist ein großes Holiday Inn. Am besten, ich ruf da mal an und sage Bescheid, daß Sie kommen."

Es klappt – wir sind eingecheckt und müssen nicht im nassen Gras neben der Straße schlafen, wie ich mir das schon schaudernd ausgemalt hatte. Die freundliche Lady beschreibt uns noch genau den Weg und will auf gar keinen Fall Geld annehmen. „You're welcome!"

Wir verabschieden uns mit kräftigem Händedruck, den Madame belustigt erwidert; so was ist in Texas nur unter Männern üblich.

Nach etwa acht Meilen auf der US 59 leuchtet uns der riesige Hotelkomplex schon von weitem entgegen. Wir sind angemeldet, packen unsere Maschinen ab und schleppen alles in den ersten Stock. (Verdammt, warum müssen wir immer oben rauf?) Wir schmeißen Packtaschen, Helme, Overalls, Jacken und Stiefel wahllos auf den Teppichboden, verstreuen die Klamotten zum Trocknen regelmäßig im ganzen Zimmer und versinken dann auf „king-size"-Komfort sofort in Tiefschlaf.

Freitag, 7. September. Durch die dichten Vorhänge sticht ein greller Sonnenstrahl, und als wir sie zurückziehen, fällt an diesem dritten Reisetag zum erstenmal eine heiße Lichtflut auf die zerwühlten Betten und das Gepäck-Chaos auf dem Plüschboden. Wir genießen den behaglichen Motel-Luxus über die Maßen und lassen Dusche und Fernseher auf vollen Touren laufen. Halb acht: der Wetterbericht sagt Regen an. Das Frühstück in der (wieder stark unterkühlten) Cafeteria ist herrlich. Obst und Cornflakes nach Auswahl, Kaffee frei und natürlich das unvermeidliche Rührei mit Speck. Draußen ist es angenehm warm: 25 Grad. Die Motorräder müssen noch versorgt werden. Ketten schmieren und Öl nachfüllen. Ich schreibe den Tachostand ins Tagebuch. 305 Meilen – runde 500 Kilometer waren es gestern –, ganz schön für das Mistwetter.

Dann sind wir wieder auf der US 59 Richtung Südwesten. Grüne Wiesen, Büsche und Baumgruppen, dazwischen vereinzelte Farmhäuser mit weiß gestrichenen hohen Holzschuppen. Und immer wieder Schafherden, Pferdekoppeln, Rinderpferche und die zahllosen wippenden Telegrafenstangen, ohne die keine Straße in Texas denkbar ist.

Etwa in diesem Augenblick (mit sechs Stunden Zeitunterschied) verläßt eine DC 10 der PanAm den Flughafen München Riem mit Kurs New York. Zu ihren Passagieren gehört ein junges rothaariges Mädchen. Ihr ganzes Gepäck besteht aus einer robusten Reisetasche und einem Motorradsturzhelm. „Samstag nachmittag, Del Rio, Texas, Holiday Inn", steht in ihrem Notizbuch. Ein weiter Weg . . .

Bekanntschaft mit einem Tornado

Bis jetzt haben wir nicht viel gesehen von Texas, aber das soll anders werden. Die US 59 verläuft ziemlich gerade nach Südwesten – etwa parallel zur Golfküste, die wir bei Rockport erreichen wollen. Das Land bleibt grün und eintönig flach. Es ist wieder diesig geworden, und gegen Mittag fängt es trotz der Schwüle leicht zu nieseln an. Auf der Straße liegen eine Unmenge überfahrener Tiere, meist plattgewalzt oder halb zerfetzt, teilweise schon völlig vertrocknet. Niemand räumt sie weg.

Als wir kurz halten, um uns in unsere Overalls zu zwängen, hebt Jürgen ein völlig mumifiziertes Gürteltier von der Straße hoch. „Ziemlich wildreiche Gegend hier", lacht er, als er Lixis entsetztes Gesicht sieht.

Über eine dieser riesigen, niedrigen, aber robusten Brückenkonstruktionen, die hier kilometerlang Meeresbuchten und Binnenseen auf Tausenden von dicken Pfählen überqueren, fahren wir über die Copano-Bay nach Rockport. Überall leuchtet weißer Sand, an kleinen Stegen liegen verwitterte Boote, und die Ufer sind gesprenkelt mit weiß oder blau getünchten Bootshütten. Wir rollen hinunter ans Meer und stellen fest, daß der Boden gar kein Sand ist, sondern aus scharfkantigen kleinen

Muscheln besteht, die allerdings schon weitgehend zu Staub zermahlen sind.

Jürgen gelüstet es in der brackigen Seeluft nach Fisch. Gleich an der Straße preist ein großes, grelles Schild über einem hölzernen Restaurant seine Fischspezialitäten an. Aber das Lokal ist geschlossen. Wir vergessen natürlich, daß Restaurants nur abends offen sind – „for dinner time". Tagsüber gibt es nur Hamburgers, „fish and chips" und höchstens ein paar ranzige Steaks.

Auch in Rockport haben wir kein Glück. In verwirrender Fülle reiht sich ein Reklamegestell ans andere und verwehrt uns den Blick auf die sicherlich vorhandenen Häuser und Geschäfte.

Wir fahren die paar Meilen weiter nach Aransas, wohin sich Fremde offenbar öfter verirren, was man an den größeren Banken und zahllosen Parkuhren unschwer erkennen kann. Hier ist ein schöner Western-Store & Shoe-Market, und die Gelegenheit ist günstig, sich mit preiswerten (32 Dollar) Cowboystiefeln einzudecken. Zwei sehr alte Damen bedienen uns mit ausgesuchter Freundlichkeit. Und mit derselben Freundlichkeit weisen sie meinen einzigen und letzten Hundertdollarschein entschieden zurück. Auch einen Amexco-Traveller-Scheck wollen sie nicht, nur Zwanzig-Dollar-Noten. Ich versuche es mit Paß und überzeugenden Argumenten, aber nein, nein, nein – man legt sie nicht mehr rein! Ich bin wütend und habe gute Lust, die dämlichen Stiefel in die Ecke zu feuern. Ich hatte ja schon mal das Theater mit den Amexco-Schecks im Flughafen von Miami – aber hier? Stocksauer stapfe ich in der brütenden Hitze zwei Straßen weiter zur Bank hinüber.

„Ja, ja, den alten Damen hat man immer wieder falsche Schecks und Scheine angedreht, nehmen Sie's nicht tragisch . . ."

Ich wechsle ohne Schwierigkeiten fünfhundert Dollar in ein Bündel Zwanziger und bezahle jetzt ebenso anstandslos meine Stiefel damit.

Im Schnellimbiß nebenan („Best Seafood in Town") essen wir

dann vor Fett triefende gebackene Fische. Tiefgefrorene, aus Alaska. Frische Fische gibt's hier nur in der „season". Weiß Gott, wann die ist – die Leute hier wissen's nicht. Die hübsche mexikanische Bedienung drückt sich am dreckigen Fenster die Nase platt und wirft sehnsüchtige Blicke auf unsere Harleys.

„Nehmt ihr mich ein bißchen mit?"

„Wohin denn, junges Fräulein?"

„Na, irgendwohin halt."

Hinter der Theke ein strafender Blick von der Mami.

„War nur Spaß, Boys!" Schade.

Mit der kostenlosen Fähre geht es die paar hundert Meter hinüber auf die Mustang-Inseln, ein vielgepriesenes Ferienparadies am Golf von Mexiko, mit endlosen, weißen Sandstränden und Dünen; Urlaubs- und Vogelparadies gleichermaßen.

Inzwischen haben sich über uns schwarze Wolken zu einer unheilschweren Decke zusammengezogen, die immer tiefer auf das Land herabsinkt und es in ein seltsames, unheimliches Licht taucht. Sie kommt von weit draußen über dem Meer, wo ein helles Band in schwefelgelbe Ränder ausfranst. Die zahllosen Wochenend- und Appartementhäuser – schachtelförmige Pfahlbauten aus dunkelgrau gestrichenem Holz – sehen wie gespenstische Ruinen auf schwarzen Stelzen aus, die sich hinter den wogenden Riedgräsern ducken und zu verstecken suchen.

Es sieht gefährlich aus, besonders an dem menschenleeren Strand, wo das Meer tiefgrün und furchterregend träge heranrollt. Wir fahren mit unseren Maschinen langsam den nassen, aber festen Sandstrand entlang und genießen das prickelnde Gefühl einer unmittelbar drohenden, aber unbekannten Gefahr.

Als die immer tiefer heranjagenden Regenfahnen auf uns herabprasseln, rennen wir unter das Vordach eines verwitterten Strandlokals. Einige wenige Feriengäste haben sich ins Innere geflüchtet, nur ein alter, braungebrannter Mann in Bermudashorts steht draußen und beobachtet mit zusammengekniffenen Augen unablässig das bleierne Meer.

Plötzlich bildet sich an der Unterseite der finsteren Wolkendecke aus einer Regenfahne ein Trichter, der sich schnell verlängert, die Form eines Schlauches annimmt und nach unten pendelt, als suche er etwas Bestimmtes. Als er das Meer erreicht, bläst sich dort eine mächtige Gischtwolke auf. Ein Tornado – eine Wasserhose – hat sich, etwa 500 Meter entfernt, gebildet.

Während wir fasziniert das seltene Naturschauspiel beobachten, rennen zwei ältere Ehepaare mit allen Zeichen des Entsetzens trotz des Wolkenbruchs zu ihren Autos und preschen mit durchdrehenden Reifen davon. Nur der alte Mann bleibt bewegungslos unter dem Vordach und läßt keinen Blick von der sich windenden schwarzen Schlange da draußen.

Nach einigen Minuten ist alles vorbei, die Wasserhose ist zusammengefallen, und wir verstehen die ganze Aufregung nicht. Als wir uns darüber unterhalten, unterbricht uns der alte Graubart. Er ist Deutscher, lebt seit vierzig Jahren in New Braunfels und verbringt jedes Jahr seinen Sommerurlaub hier.

„Ihr seid fremd in der Gegend, sonst würdet ihr wissen, was so ein verfluchtes Ding anstellen kann. Für Leute, die das mal erlebt haben, gibt's nur eines: schnellste Flucht!"

„Na und Sie – Sie sind doch hiergeblieben?"

Der Alte grinst. „Na ja – ich hatte keine Wahl, mein Auto steht im Hotel. So habe ich ein bißchen gebetet."

Blaue Stunde

Doch etwas nachdenklich geworden, fahren wir dann am späten Nachmittag, als der Regen nachgelassen hat, die P 53 („P" steht für „Panorama") zwischen Sandwällen und Grasbüschen die 50 Meilen hinunter nach Corpus Christi. Sie mündet in die P 22, die zu den Padre-Inseln führt, und steigt auf mächtigen Brücken über mehrere Kanäle und Meeresarme hinweg in die große, weiße Stadt hinein. Rechter Hand liegt die Corpus-Christi-Bay mit dem Jachthafen und den ziemlich ausgedehnten Werft- und Schiffsliegeplätzen. Auf der Stadtautobahn 358 geht es weiter bis zur Abzweigung der US 44 West – der Straße, die uns in den riesigen amerikanischen Kontinent hineinführen wird.

Als ich die Kreuzung erreiche und das grüne Schild mit US 44 West über uns sehe, überkommt mich ein Gefühl der Aufregung, das sich in Magenkribbeln und Herzklopfen äußert.

Die schnurgerade Straße, die in weiter Ferne hell aufblitzt, ist das sichtbare Zeichen dafür, daß wir jetzt das nahe Meer verlassen und in neue, unbekannte Weiten eindringen werden.

Wir fühlen wohl alle dasselbe, denn als die Ampel grün wird und unsere Harley-Formation – Lixi in der Mitte, Jürgen wie immer am Schluß – unter die Stadtautobahn schwenkt, drehen alle kurz, aber kräftig am Gasgriff. Der donnernde, aber in unseren Ohren herrliche Lärm hallt von den Betonplatten zurück. Die geballte Kraft der starken Motoren überträgt sich vibrierend auf unsere Körper und erzeugt schlagartig Selbstvertrauen und ein unsagbares Hochgefühl. Amerika, wir kommen!

Gegen sieben Uhr erleben wir ein farbenprächtiges Schauspiel. In der Ferne wachsen uns rotgoldene, gelbe und weiße Lichtervorhänge entgegen. Wir sind unter der immer noch tiefhängenden Wolkendecke durchgefahren – bis sie ohne Übergang, wie mit dem Lineal gezogen, endet. Das dunkle Vordach über uns ist plötzlich weg, der Regen hat aufgehört, die Straße ist trocken. Der große Glutball der Sonne steht genau vor uns über der Straße und überflutet alles mit orangefarbenem Licht. Die überschwemmten Reisfelder links und rechts glitzern in smaragdfarbenem Feuer. Die Luft ist glasklar, der Himmel wolkenlos. Die Gegend ist eintönig und einsam, eine scheinbar endlose flache Ebene, die am Horizont eine scharfe Linie bildet.

Kurz nach Sonnenuntergang, etwa in der Gegend von Agua Dulce (was für ein passender Name!) verändert sich die Szenerie von neuem. Der ganze Himmel hat sich tief dunkelblau gefärbt, nur im Westen, dem wir entgegenfahren, ist ein helles Band zu sehen, das nach oben zu purpur und violett, nach unten zu gelborange und dunkelrot wird.

Der Himmel verändert sich ständig

Genau im Zentrum dieses leuchtenden Spektrums taucht, erst undeutlich, dann immer klarer, aus der dunklen Ebene eine außerirdische Stadt auf. Türme und Kuppeln, umgeben von filigranem Gitterwerk mit Hunderten von bläulichen Lichtpünktchen darin. Ein Anblick wie in einem Science-fiction-Film – ihn aber in natura zu erleben, ist überwältigend. Wahrscheinlich ist es ein großes Zementwerk oder etwas ähnliches.

Langsam gleitet die Traumstadt-Silhouette an uns vorüber und verschwindet in der Dunkelheit. Wenig später fahren wir in eine wirkliche, lichterfüllte Kleinstadt ein – Alice. Es ist neun Uhr.

Da wir ziemlich lange gefahren und dementsprechend er-

4 7292-14

schöpft sind, locken uns die zahlreichen schmuddeligen Motels trotz überdimensionaler, pompöser Lichtreklamen nicht allzusehr – wir sehnen uns nach Luxus, Fernseher, Flauschteppich und „king-size"-Betten. So landen wir wieder einmal im Holiday Inn, und bald versinken wir in einem Meer von Plüsch und Plunder (unserem eigenen). Duschen, Wäsche waschen, Motorräder durchsehen und gepflegt Essen gehen (soweit man bei den Snackbars überhaupt davon reden kann) baut uns wieder auf. Danach machen wir es uns auf den Betten gemütlich, sehen fern und fühlen uns wie die Könige. Ich schreibe noch mein Tagebuch. Gefahrene Meilen heute: 272 (436 Kilometer).

Das Frühstück (im fensterlosen, finsteren Restaurant) für 2.65 Dollar kennen wir schon: Milch, Orangensaft, Früchte, Rühreier mit salzigen Speckkrusten und Kaffee (oder was die Amerikaner auch immer dafür halten mögen) in beliebiger Menge und natürlich Toast mit salziger Butter und Marmelade. Von oben bläst uns – das kennen wir auch schon – die Klimaanlage eiskalte Luft ins Genick.

Wiedersehen in Del Rio

Draußen empfängt uns eine Gluthitze, die uns fast den Atem nimmt und unseren Tätigkeitsdrang drosselt. Das Aufpacken und Tanken dauert ewig. Erst um 10.30 Uhr kommen wir weg. Aber sobald wir auf unseren Maschinen sitzen und wieder die einsame, schnurgerade US 44 in Richtung Westen entlangdonnern, fühlen wir uns herrlich und wie neugeboren. Die Sonne knallt senkrecht auf die jetzt immer steiniger und hügeliger werdende Gegend. Niedriges, schütteres Buschwerk und vereinzelte kleine Baumgruppen prägen die hitzeflimmernde Landschaft.

Die Eintönigkeit der Landschaft wird nur durch die schwarzen

Wir begegnen mehr überfahrenen Tieren als Autos

Kühe unterbrochen, die auf den dürren Weiden nach Gras suchen. Wir müssen zahllosen Tieren ausweichen, die auf der Straße verendet sind, obwohl der Verkehr sehr gering ist. Alle halbe Stunde etwa begegnet uns ein Auto, und immer wird heftig gewinkt, wenn man nach langem Sichtkontakt endlich aneinander vorbeirauscht.

Wir müssen anhalten. Pinkelpause. Ich muß unbedingt ein Hemd anziehen, denn meine Arme brennen wie Feuer. Im Fahrtwind habe ich den Sonnenbrand überhaupt nicht bemerkt. Jürgen will braun werden und läßt sich von Lixi den Rücken einreiben. Bald trieft er vor Öl und glaubt, daß es hilft. Lixi selbst ist sorglos und setzt sich trotz meiner Warnungen im Bikini auf den glühendheißen Sattel. Sie verbrennt sich ihre kostbare Sitzfläche und zieht fluchend ihre Lederhose wieder an. Aber oben bleibt es beim BH – nun ja, sie muß selber wissen, was sie tut. Die wenigen Autofahrer winken etwas hektischer als sonst, riskieren einen Blick und manchmal ein Abweichen von der Straße!

Unsere Fahrgeschwindigkeit auf dieser verkehrsarmen, schnurgeraden Landstraße hat sich schnell auf die vorgeschriebenen 55 Meilen eingependelt – aber aus einem ganz besonderen und zwingenden Grund. Auf dem heißen Asphalt sitzen Tausende großer Libellen und wärmen sich. Nähert sich ein Fahrzeug, starten sie im letzten Moment und versuchen in wildem Zickzack zu entkommen. Fährt man schneller als 90 Stundenkilometer, können die Tiere nicht mehr ausweichen. Wir werden sehr schnell und schmerzhaft darüber belehrt, wo die Geschwindigkeitsgrenze liegt. Jürgen klatscht solch ein Insekt so heftig zwischen Helm und Ohr, daß er vor Schreck und Schmerz seine schwere Harley kaum mehr kontrolliert zum Halten bringen kann.

In Encinal tanken wir nach. Das staubige einsame Nest döst in der brütenden Mittagshitze vor sich hin, ein paar verwahrloste Hunde liegen regungslos im Schatten, Fenster sind, soweit sichtbar, abgedeckt, und nur die außen angebrachten Blechkästen der Klimaanlagen rattern und rasseln in der lähmenden Stille. Bei einer eiskalten Cola vom Automaten (30 Cents) rechnen wir immer wieder die Kilometer aus, die noch bis Del Rio vor uns liegen: nach Carriozo Springs 86, von dort nach Eagle Pass 70 und dann noch mal 90 bis Del Rio. Dort haben wir gerade ein Drittel geschafft – was für ein Land!

20 Kilometer hinter Encinal kommen wir auf die gut ausgebaute US 83, die von der Grenzstadt Laredo heraufkommt, und verlassen sie erst in Carriozo Springs. Dort biegen wir auf die 277 ab, die mit der nur wenige Meilen entfernten mexikanischen Grenze – dem Rio Grande – ungefähr parallel läuft. Sie führt über weitgeschwungene Hügel, von deren Kuppen man in der klaren Luft Hunderte von Kilometern hinuntersehen kann in grüne Täler, wo die US 277 sich – als schwarzweißes Band immer wieder auftauchend – in der Ferne verliert. Einige waagrecht geschichtete gelbliche Felsbänder durchziehen das buschbestandene

Land. Ab und zu zweigt eine unbefestigte schmale Straße ab, die durch ein Gatter zu einer abgelegenen, unsichtbaren Ranch führt. Die romantischen Namen auf den rohen Brettern über den Gattertoren nehmen sich seltsam aus in dieser Öde, und die halbrunden Blechbriefkästen auf ihren Holzpflöcken mit der roten Fahne an der Seite wirken fast deplaciert.

Von einem Höhenzug fahren wir hinunter nach Eagle Pass, das direkt am Rio Grande liegt, der sich aber hinter grünen Baumgruppen versteckt. Das kleine Städtchen wird schon viele Kilometer vorher durch Reklameschilder auf hohen Masten angekündigt. Gegenüber diesem hübschen, hanggelegenen Ort liegt jenseits der Brücke Piedras Negras, die mexikanische Grenzstadt. In allerbester Laune tanken wir noch mal voll. Die restliche Strecke ist ein Kinderspiel.

Gegen halb sechs treffen wir endlich in Del Rio ein. Die weitläufig angelegte Stadt mit ihren einstöckigen flachen Villenvierteln am Rio Grande ist voll lebendiger Geschäftigkeit, und wir fragen uns, noch ganz im Banne der kargen Landschaft, wo auf einmal all die vielen Autos und Menschen herkommen.

Del Rio – das ist der Treffpunkt, den wir in München mit Ilona ausgemacht haben, und wir sind pünktlich angekommen. Jetzt beschäftigt uns die etwas bange Frage, ob sie es wohl auch geschafft hat. Als Ort des Wiedersehens haben wir das Holiday Inn vereinbart (einfach, weil uns in München nur dieses Hotel genannt wurde), das weit außerhalb im Norden der Stadt liegt. So besorgen wir zunächst noch 60er Einbereichsöl für unsere Harleys, das im allgemeinen schwer zu bekommen ist. Und außerdem ist morgen Sonntag. Nach einer ausgiebigen Hamburgerschlacht im MacDonald fahren wir lautstark und selbstbewußt zum Hotel und stellen unsere aufgepackten Motorräder mitten in der Vorhalle ab. Wo ist unser Kind aus Bayern?

„Mrs. Hanauer? Please call room 241!“

Wir rufen an.

„Hm? Wer is' da?" fragt eine verschlafene Stimme.

„Na, wir, mein Schätzchen, die Eroberer des Wilden Westens auf Brumm-brumm!"

„Ich bin noch gar nicht ganz da. Komm aber gleich runter!"

Nach ein paar Minuten erscheint Ilona in der Hotel-Lobby.

„Mein Gott, seid ihr braungebrannt!" (Sind wir das?)

Wir fallen uns um den Hals. Großes Palaver. Ilona ist erst vor ein paar Stunden nach fast zweitägiger Flugreise todmüde ins Bett gefallen, aber es ist alles so neu und aufregend, daß sie aus dem Erzählen nicht mehr herauskommt. Ilona berichtet uns, daß sie auf dem Flughafen von San Antonio, auf dem sie die Nacht über auf den Anschlußflug nach Del Rio warten mußte, von einer lustigen Studentin namens Annie angesprochen wurde. Der Grund war Ilonas Harley-Hemd, denn Annie ist auch Harley-Fahrerin. Da Annie in Del Rio wohnt, lud sie Ilona gleich zu ihrer Familie nach Hause ein. So kam unsere Langstreckenfliegerin erst um zwei Uhr nachmittags ins Bett. Besagte Annie taucht gegen Mitternacht auf und sprudelt vor Lebenslust und verrückten Ideen. Mit großem Getöse probiert sie auf dem Hotelparkplatz Lixis Harley aus.

„It's a lovely bike, really!" Päng – päng – päng! Und noch mal Vollgas. Weil's so schön Krach macht.

In der Bar häufen sich die leeren Bierdosen. Mir fallen fast die Augen zu. Zu unserer Runde gehört inzwischen noch Chayenne – eine attraktive Mischung aus Nazarener-Jesus und Edelmexikaner mit rehbraunen Samtaugen und Perlenzähnen. Er ist Motorrad-Stuntman, doubelt gerade einen Film, der hier gedreht wird, und hat eine etwas unterkühlte Begleiterin im Grace-Kelly-Look dabei. Ihn himmelt Lixi an, die kühle Blonde an seiner Seite scheint Jürgens Kragenweite zu sein.

Nachdem ich all meine Überredungskünste aufgewendet habe, kriege ich die ausgelassene Bande endlich ins Bett, allerdings nicht ohne daß Jürgen noch unter heftigem Geschrei und Gepruste (um zwei Uhr nachts!) in den Swimmingpool im Innenhof des Hotels plumpst. Einschließlich Geldbeutel, Paß und allen Papieren. Es wird allerhöchste Zeit, daß wir auf Campingplätze umsteigen. Im Hotel rührt sich zum Glück nichts.

Sonntag, 9. September. Etwas verkatert treffen wir uns gegen neun Uhr im Restaurant. Ich erzähle meiner nunmehr bis Las Vegas vollzähligen Gruppe, daß uns ein heißer Wüstenritt erwartet – einsam und ohne Rast bis zum Abend.

„Laßt uns fressen wie die Schleuderaffen, Kinder – die Fastenzeit beginnt."

„The Wrangler" nennt sich das, was aus zwei Eiern (nach Belieben), Schinken (wie gewünscht), beinharten Speckstreifen oder Würstchen (gar nicht übel) mit gematschten, angesengten Kartoffelschnipseln („hash browns"), reichlich Toastscheiben (natürlich mit Butter, Sirup und Gelee) und unentwegt nachgefülltem Kaffee (von der bekannten Sorte!) besteht und für 3,95 Dollar angeboten wird.

Um 11 Uhr rufe ich zum zweiten Report beim Bayerischen

Endlich abfahrtbereit!

Rundfunk an. Es ist eine aufregende Sache, der Telefonistin zu erklären, daß es eilt, weil unser Gespräch in eine Radiosendung geschaltet wird, was die Dame für einen Scherz zu halten scheint. Aber die Verbindung klappt sofort. In München ist es 18.30, als ich auf Sendung bin, am anderen Ende ist Lotti Ohnesorge und das sattsam bekannte Verkehrschaos auf Bayerns Straßen. Welch ein Kontrast!

Besuch beim alten Richter Roy Bean

Das Packen kostet wieder viel Zeit. Ilonas Sachen müssen ja auch noch verstaut werden, und so wird alles ausgepackt und umgeschichtet, denn Ilona und Lixi fahren zusammen auf einer Maschine.

Um 12 Uhr geht's los. Zunächst wird das eine lange, etwas ermüdende Fahrt in brütender Hitze. Wir sind wieder mal auf der US 90 – aber wie hat sie sich verändert! Von Del Rio aus, auf das nach einigen großen Hotels, Restaurants und Campgrounds eine karstige Hochebene folgt, führt sie einige Meilen zusammen mit der US 277 nach Norden, um dann in einem scharfen Knick nach Westen zum Amistad-Stausee abzubiegen, den sie auf einer langen, stelzenreichen Brücke überquert. Hier münden der Devils- und der berühmte Pecos-River in den Rio Grande und werden durch den gewaltigen Amistad-Damm aufgestaut, der von den USA und Mexiko zusammen erbaut wurde und dessen Dammkronenstraße gleichzeitig als Grenzübergang dient.

Viel ist hier nicht los. Auf dem blau schimmernden See sind ein paar Motorboote zu sehen, und einige Wohnmobile stehen an den kahlen, sandigen Strandzufahrten. Einmal schnuppern wir würzigen Grill-Steakduft.

Nach einer guten halben Stunde durch menschenleeres, stei-

Kurze Rast am Pecos-River

niges Hügelland sind wir am Pecos-River. Vor uns die tief eingeschnittene Schlucht, wo sich träg und lehmgelb jener Fluß wälzt, um den sich in Texas unzählige Legenden ranken und der einem riesigen Landstrich seinen Namen gab. Seine große Zeit hatte er vor über hundertfünfzig Jahren.

Damals galt er als unüberwindliche Barriere für die großen Trecks nach Westen. Hier standen die Siedler und Goldsucher mit ihren Planwagen, Viehtreiber mit riesigen Herden, Marodeure, Banden und Revolutionäre aus Mexiko, Abenteurer und die Cavalry. Auf Furten und Fähren herrschte Hochbetrieb. Später wurde hier eine Holzbrücke für die Eisenbahn gebaut, die höchste in ganz Amerika. Inzwischen ist sie durch eine moderne Stahlkonstruktion ersetzt worden und dient dem Straßenverkehr.

Gegen 14 Uhr sind wir dann beim alten Richter Roy Bean. Das urige Original, das von sich behauptete: „Das Gesetz westlich des Pecos bin ich!“ ist zwar schon lange tot, aber seine eigenwillige Rechtsprechung ist unvergessen geblieben. Seine berühmte Richtstätte, ein winziges Blockhaus, war mehr Spielhölle und Billardsaloon als Gerichtsgebäude eines Landes, das größer als Deutschland ist. Mit zwanzig Mann war die Bude brechend voll.

Der Staat Texas hat ein bombastisches Visitor-Center darum herumgebaut, vollklimatisiert, mit schicken, freundlichen Hostessen, und es zum Nationaldenkmal erklärt. Da liegen dann in sterilen Glasvitrinen der gewaltige „Peacemaker“-Revolver des alten Weißbartes und ein paar seiner persönlichen Habseligkeiten (Taschenuhr, Spielkarten!). Nicht zu vergessen, das obskure Gesetzbuch, dessen Paragraphen der selbsternannte Friedensrichter zwar kaum lesen konnte, aber mit dessen Hilfe er die Angeklagten stets zu einer versöhnenden Runde Whisky verdonnerte. (Und zu einer saftigen Geldstrafe, versteht sich!)

Seine Intim-Freundin, Lilly Langtry, eine kühle Schauspielschönheit von der englischen Kanalinsel Jersey, stand hinter der Bar und verteilte das Scharfgebrannte. Wenn „Jersey-Lilly“ mit dem Santa-Fe-Expreß in dem winzigen staubigen Kaff ankam, das ihren Namen trug (Langtry), stand Pecos-County Kopf und die rauhen Cowboys Spalier. Wo damals harte Fäuste regierten, heißt es heute „Please do not touch!“

Die Zeugen einer wilden Vergangenheit liegen heute unter Glas

Eine Nacht im Chisos-Basin-Camp

Wir sitzen schweigend, müde, aber glücklich auf einem kleinen Bänkchen und genießen den allmählich eintretenden Zustand der Entspannung. Unsere schemenhaften Gesichter leuchten matt in der Dunkelheit – nur wenn Lixi an ihrer unvermeidlichen Zigarette zieht, glüht kurz ein roter Schein über ihre blonden Haare. Über uns flimmert ein so klarer Sternenhimmel, wie ich ihn selten gesehen habe. Schwarz und fast drohend heben sich gegen ihn die hoch aufragenden zackigen Spitzen des Chisos-Massives ab. In seinem geschützten Bergkessel haben wir unser erstes Zeltlager aufgebaut, inmitten des weitläufig angelegten Big-Bend-Campgrounds.

In der lauen, würzigen Nachtluft rascheln leise Gräser. Ab und zu knacken die Metallteile unserer Harleys, die als dunkle unförmige, matt blinkende Stahlmonster neben den Zelten stehen, in denen der Nachtwind plustert. Einige vereinzelte Lagerfeuer werfen einen flackernden Schein durch das dunkle Kieferngebüsch, und manchmal dringt Reden und Lachen zu uns herunter.

Was für ein Tag war das heute und was für eine Fahrt, die jetzt so intensiv nachklingt!

Bis in die frühen Abendstunden sind wir durch unverändert menschenleeres, weites wüstenähnliches Bergland gefahren, meist in großen Kurven den breiten Tälern zwischen den Mesas folgend. Vier Autos sind uns unterwegs begegnet (ich habe gewissenhaft mitgezählt), und auf der über 400 km langen Strecke haben wir zwei verschlafene texanisch-mexikanische Nester durchfahren! Dryden und Sanderson.

An einer einsam gelegenen Tankstelle hat Lixi mit ihrer offenherzigen Bekleidung (Hot Pants und Bikini-Oberteil) ziemlichen

Anstoß erregt. Eine griesgrämige alte Lady im vollen Sonntagsstaat belehrte sie grimmig, daß das landauf, landab hinlänglich bekannte Schild „No shirts, no shoes, no service!" auch für sie Gültigkeit habe, und solange sie im BH erscheine, gäb's für sie hier nichts zu kaufen. Nun ja – so besorgte halt Ilona was zu trinken, sie war „anständig" angezogen und fand Gnade vor den strengen Augen der Hüterin texanischer Moral. Immerhin, wir erhielten unser Benzin und machten, daß wir weiterkamen.

Einmal entdeckten wir neben der Straße fünf verrottete Holzkreuze zwischen dichtem Kakteengestrüpp. Auf den fast unleserlichen Inschriften entzifferten wir mit einiger Mühe mexikanische Namen ohne weitere Angaben – welche Tragödie mag sich hier einmal abgespielt haben?

Wenn diese Kreuze sprechen könnten ...

Erst kurz vor Sonnenuntergang erreichten wir Marathon, eine lockere Ansammlung kleiner Hütten. Das Zentrum besteht aus einer Tankstelle und einem guten, empfehlenswerten Restaurant, direkt an der Wegkreuzung der US 90 und der US 385, die von hier aus rund 160 km nach Süden zum Big-Bend-Nationalpark führt, dessen blaue Bergketten in der Ferne heraufschimmern und die in der klaren Atmosphäre so täuschend nah erscheinen. Wie so oft in diesen abgelegenen Orten bekamen wir wieder mal kein Super-Benzin (wer tankt hier schon Super?), das unsere empfindlichen Motoren aber so dringend benötigten. Wir mußten daher von dem Zusatzmittel dazukippen, das im Plastik-Kanister an Jürgens Seesack baumelt.

Zwei lange, aber unvergeßliche Fahrtstunden brauchten wir dann bis zum wildromantischen Gebirgsmassiv der Chisos-Mountains. Die großartige, völlig einsame Straße windet sich über sanfte Pässe und durch weiträumige Täler, durchquert einige tiefe Wasserrinnen („creeks"), die aber zum Glück trocken waren, immer auf die fernen Bergketten des mexikanischen Hochlandes von Chihuahua am Horizont zuführend. Hier gab es Rundblicke von solch atemberaubender Schönheit, daß wir immer wieder anhielten, um sie in der ganzen Großartigkeit und Stillc dieser Landschaft zu genießen. Vereinzelte Palmen und die spitzen Speerbündel der Yuccas mit ihren langstieligen Blütendolden ragten aus dem kargen Sandboden auf, aber eine Menge Kleingetier – Spinnen, Eidechsen, Mäuse, Schlangen, Käfer, Erdhörnchen und Vögel – sausten fortwährend herum und ließen ahnen, wieviel Leben doch in der unwirtlichen Einöde stecken muß.

Der Sonnenuntergang und der Beginn der blauen Dämmerung ließen die Eindrücke von Minute zu Minute wechseln. Immer neue farbige Bergkulissen in blauen, violetten und rotbraunen Farbtönen schoben sich in- und auseinander, gaben neue Ausblicke frei oder verdeckten unvermutet erhoffte. Wir hatten das ganze weite Land für uns, und ich fuhr oft ein Stückchen voraus, um anzuhalten und die anderen in dieser einmaligen Umgebung zu fotografieren.

Die letzten paar Kilometer fing Lixis FLH noch heftig an zu stottern, spotzte und knallte und wollte nicht mehr so recht. Vielleicht lag's doch am Benzin, und die Kerzen spielten nicht mehr mit. Aber irgendwie brachte Lixi das bockende, flammenspuckende Ungetüm doch noch bis zum Lagerplatz. Als wir endlich in der Zivilisations-Oase des Big Bend Visitor Centers angelangt waren, das mit allem Komfort ausgestattet ist, war es fast Nacht geworden, und das einzige Restaurant (luxuriös und teuer!) hatte längst geschlossen. Wir konnten in der schnell hereinbrechenden Dunkelheit gerade noch unsere Zelte aufschlagen – nur zu essen gab es nirgends mehr etwas. Wir traktierten den sturen Getränkeautomaten mit Fußtritten und Fausthieben, nachdem er viele 25-Cent-Stücke geschluckt, aber nichts dafür hergegeben hatte. Aber letztlich rückte er doch noch drei „Dr. Pepper" aus. Das war dann unser Abendessen.

„Zehn Uhr, Kinder – Zeit zum Schlafengehen, morgen wird ein harter Tag!"

Die Mädchen schlendern noch zum nahegelegenen Waschraum. Plötzlich gellende Schreie und Gekreische.

„Oluf, Jürgen – kommt doch mal her – schnell – schaut mal, was hier ist!"

Wir rennen hinüber. An der hell erleuchteten Tür zum „restroom" sitzt eine riesige, fast handtellergroße Vogelspinne – zusammengedrückt und bewegungslos. Mit einem kleinen Stöckchen berühren wir das schöne Tier vorsichtig. Im Zeitlupentempo setzt sich die dunkelbraune, dichtbehaarte Spinne in Bewegung und verschwindet zielstrebig im nahegelegenen Gebüsch.

Jetzt ist es natürlich vorbei mit dem vielgepriesenen Schlaf unter offenem Sternenhimmel. Die Mädchen verkriechen sich ins Zelt und ziehen alle Reißverschlüsse zu. Jürgen übrigens auch, ihm ist es angeblich zu kalt. Nur ich bleibe draußen und lege mich in meinem Schlafsack dicht unter meine Harley auf den harten Steinboden.

Trotz Müdigkeit kann ich nicht einschlafen; ich lausche den seltsamen Geräuschen der tropischen Bergnacht und dem unaufhörlichen, monotonen Zirpen der Zikaden und atme die viel-

Die erste Nacht im Freien

fältigen Düfte ein, unter denen sich auch ein schwacher, vertrauter Benzindunst bemerkbar macht. Und immer wieder muß ich daran denken, daß jetzt der Augenblick da ist, von dem ich Zeit meines Lebens geträumt habe und für den ich so viel gespart und geopfert habe – wie kann man da schlafen!

Ich bleibe wach bis zum frühen Morgen und genieße die aufregende Nacht in vollen Zügen.

Der Campground erwacht früh. Das erste, was ich im dämmrigen Morgenlicht sehe, sind zwei große schwarzbraune Geier, die mit langen Hälsen und roten Hängekämmen unter den gebogenen Schnäbeln auf unserer Bank sitzen. Häßliche Vögel. Als ich den Kopf drehe, flattern sie schwerfällig davon. Ich treibe die anderen aus den Zelten.

„Los, kommt schon, frühstücken!“ Ich hab einen Bärenhunger.

Das Restaurant der Lodge hat schon ab 7 Uhr geöffnet. Wir fahren mit zwei Maschinen die steilen Serpentinen hinauf und werfen unterwegs noch unsere beiden Dollars als Entgelt für die Übernachtung im vorgedruckten Umschlag (mit unserer Campsite-Nummer) in den Tresorkasten.

Eigentlich wird hier eine ganze Menge geboten: Wander- und Bergtouren, Tagesausritte mit „saddle-horses“, botanische und vor allem geologische Exkursionen. Ein Motel ist da, ein Drugstore, ein Postamt, jede Menge Souvenirkram in der Lodge (besonders hübsch die Mineralien!) und ein gern besuchtes Amphitheater mit großartigem Rundblick. Alles ist ziemlich eng auf einer grünen Oase zusammengedrängt, die den Mittelpunkt eines hochgelegenen, abschüssigen Bergkessels bildet, der von dem mächtigen stumpfen Kegel des „Lost-Mine Peak“ (2301 Meter) beherrscht wird.

Lixi sieht von alledem kaum etwas. Sie sitzt im Bikini vor ihrer Harley und nimmt sie fachgerecht auseinander, um herauszufinden, was gestern los war. Jürgen hockt auf dem Bänkchen und schreibt eine Postkarte nach der anderen. Ich säubere meine

Foto- und Filmgeräte, die schon böse gelitten haben. Ilona legt die Zelte zusammen und packt. Um zwölf Uhr brausen wir ab. Schade, hier hätte man eigentlich länger bleiben müssen.

Ilona wirft den Umschlag mit der Übernachtungsgebühr ein

Auf der Straße der Konquistadoren

Wüsten und Geisterstädte! Wilde, unberührte Natur, ein heißes trockenes Klima, das ab und an heftige Gewitter hervorbringt. Eine nackte, von allem Grünwuchs fast entkleidete Erdkruste. (Ein Paradies für Geologen!) Alles kämpft hier ums Überleben – Tiere, Pflanzen, Menschen. Und es sieht so aus, als ob der Mensch stets den kürzeren zieht.

Hinter der „Painted Desert", in die wir in einer großartigen Kurve hinunterfahren, liegt das staubige Dörfchen – oder was davon übrigblieb – mit dem romantischen Namen „Study Butte" mitten zwischen Felshängen und Schutthügeln.

Die große, verfallene Bleimine, deren Geräte mit dem blaugrauen Rost überzogen sind, der aus der Patina der alten Mennige-Anstriche entsteht, fällt zuerst ins Auge. Überall sind Spuren wilden, besessenen Grabens zu sehen, geknickte Holzgerüste, Eisenstreben mit herabhängenden Blechen oder primitiven Holzbrettern verschalt, vom heißen Wüstenwind gebleicht oder zerfasert, Abraumhalden und Steinbrocken. Schrottautos vervollständigen das Bild. Verfall und Rost, wohin man blickt. Dazu brütende Stille. Nur ab und zu dreht ein fauchender Wirbelwind den Sand zu einer kleinen Windhose, die vom Hitzesog durch die Ruinen getrieben wird. Die verfallenen, zweistöckigen Häuser bieten einen trostlosen Anblick – durch die leeren Fensterhöhlen wandert der Blick zum fernen Horizont. So stelle ich mir die Alpträume eines surrealistischen Malers vor!

Die Hitze nimmt geradezu bösartigen Charakter an – fast 45 Grad, und nirgends Schatten. Die Sonne brennt mit unbarmherziger Gewalt senkrecht vom wolkenlosen, grellen Himmel herunter. Selbst beim Fahren rinnt der salzige Schweiß in die Augen und verkrustet auf der Haut. Zum Glück schützen uns die Helmschilder etwas vor dem mörderischen Feuer über uns. Ich muß mich zwingen, nicht ständig an die beiden Dinge zu denken, die wie sausende Räder in meinem brennenden Kopf kreisen: Schatten und Wasser!

Wir „finden" noch eine Geisterstadt. Mit unseren schwerbepackten Harleys geraten wir bei den vielen Felsbrocken und Schlaglöchern, den Sandverwehungen und tiefen Rinnen gefährlich ins Schleudern, als wir in die Stadt hineinfahren. Die schlingernden Maschinen federn wild in den Teleskopgabeln und setzen alle paar Sekunden mit häßlichem metallischem Krachen auf. Das knifflige Zusammenspiel von Gas, Kupplung und Bremsen erfordert höchste Aufmerksamkeit. Eine Spinnerei, hier zu fahren, wo kaum eine Geländemaschine durchkommt – aber von der Straße sah es so harmlos aus. Jedoch – es geht gut, kein Motorrad wird ernsthaft beschädigt.

Die Geisterstadt mit den acht bis zehn Steinhäuschen, die nur aus einem Raum bestehen, liegt auf einem kahlen, felsigen Hügel, der wie zur Entschädigung für diese gespenstische Atmosphäre einen herrlichen Rundblick bietet. Nach der Karte müßte es Terlingua oder die Quecksilbermine von Old Waldron sein, aber wir finden keinen Hinweis. Die Häuschen haben keine Dächer mehr und keine Fußböden. Drinnen wuchert Gestrüpp. Nur das oberste Haus hat sein Dach behalten. In der einen Ecke des fensterlosen, dämmrigen Raumes steht ein alter, verrotteter Herd, in der anderen liegt eine zerschlissene Matratze auf einem Müllberg von Bier- und Konservendosen. Hier mögen Hippies gehaust haben, einige typische Kochrezepte, auf Packpapier gekritzelt, weisen darauf hin.

Im Schatten des windschiefen Vordachs legen wir eine Rast ein.

Das ist er also! Der hitzeknackende „Mountain Trail" im Wüstengürtel von Texas, in der südwestlichen Ecke dieses rie-

Bei flirrender Hitze besuchen wir die Geisterstadt

sigen Staates. Die US 170 nach Presidio ist eine uralte historische Grenzstraße, die schon die Konquistadoren benützten. Sie führt immer am Rio Grande entlang, der oft nur wenige Meter linker Hand dahinfließt, mal grün, mal gelb. Am anderen Ufer beginnt Mexiko. Die gleichen karstigen Berge, der gleiche ausgedörrte Boden, die gleiche karge Vegetation. Eine offene Grenze. Hier wie dort ist niemand zu sehen, nur ab und zu mal ein halb verfallener Bauernhof.

Man kann diese geschichtsträchtige Straße nicht sehr schnell befahren – sie hat heimtückische Kurven und Abschnitte, wo es wie bei einer Berg- und Talbahn so heftig auf und ab geht, daß einem übel werden kann. Führt der Rio Grande Hochwasser, was öfter vorkommt, ist sie praktisch unpassierbar.

Und doch wohnen in dieser verlassenen Gegend eine Menge Leute. Da gibt es Cafés, Bars und Restaurants, „Rock Shops", Gemischtwarenläden, Tankstellen und Reparaturwerkstätten für so ziemlich alles, kleine und größere Vieh-Ranches, Farmen und Minen, die noch in Betrieb sind. Von einer größeren Hazienda aus kann man kürzere oder längere Schlauchbootfahrten auf dem Rio Grande buchen, und kurz vor Presidio hat man das historische Grenzfort Leaton mit seinen charakteristischen Lehmziegel- und Palisadenwänden originalgetreu wieder aufgebaut.

Wir wären hier gern länger geblieben, aber es ist schon später Nachmittag, und unser Tagesziel Van Horn ist laut Karte noch 200 Kilometer entfernt. Da hilft kein Herumrechnen – wir wissen es inzwischen –, das dauert Stunden! Wir tanken noch mal voll und kippen Öl bis an den Rand nach – seit Del Rio haben wir etwa 4 Liter pro Maschine verbraucht. Eine Viertelgallontüte mit ausgezeichneter „Vitamin-D-Milk“ ersetzt das Mittagessen.

Gemessen an der abwechslungsreichen Route entlang des Rio Grande ist die nordwärts führende US 67 ziemlich eintönig. In Marfa biegen wir wieder auf die westwärts führende US 90 ab – zum letztenmal. Jetzt fahren wir durch eine Landschaft, die unserer Vorstellung von Texas endlich entspricht: Weites Prärieland mit großen Longhorn-Herden, Windrädern und am Horizont die blauen Berge (von denen die Cowboys träumen . . .). Und jede Menge „deer“ – Damwild.

Als Van Horn vor uns auftaucht, ist die Dunkelheit schon hereingebrochen. Vom Chispa-Mountain-Pass aus sehen wir ganz in der Ferne die lange Reihe der vielen Lichter glitzern, die sich entlang der Interstate 10 hinzieht und hinter der Van Horn wartet. Aber die Lichterkette vor den dunklen Bergsilhouetten der Sierra Diabolo will nicht näher kommen, sie funkelt und blinkt nur verheißungsvoll in der rasch dunkler werdenden Nacht zu unserer hochgelegenen Straße herauf, auf der wir mit unverminderter Geschwindigkeit entlangdonnern.

Erst nach einer endlosen Dreiviertelstunde sind wir in der so lange vorsignalisierten Zivilisation, wo Ruhe und Erholung, Essen und Trinken winken. Hier in Van Horn endet auch die US

90. Als wir in den vor der Stadt gelegenen COA Campground einbiegen, dessen rotorange angestrahltes Dach uns schon von weitem entgegenleuchtete, nehmen wir endgültig Abschied von ihr.

·Ein schöner, weitläufiger Zeltplatz mit kleinen Rasenflächen erwartet uns, und überall Licht, Wasser, Tische und Bänke. Auch sonst ist alles da, was die COA (Campground Organisation of America) so attraktiv macht: Swimming-pool, Einkaufsmarkt und „Coffeeshop". Wir zahlen erst unsere 6,50 Dollar bei dem freundlichen Verwalter und fahren anschließend in den Ort zum „Gateway"-Restaurant, das uns als Truck-Stop wärmstens empfohlen worden ist. Das Essen schmeckt tatsächlich hervorragend, nur die verdammte Klimaanlage bläst uns eisig ins Genick und sorgt wieder mal für Gänsehaut. Die Hamburger mampfenden Truckers ringsum grinsen: der speziell gekühlte Tisch war der letzte freie. Und wie immer kann man das windige Ding (angeblich) nicht abschalten. Zur Strafe gibt's kein Trinkgeld. Ätsch!

Dabei ist die Nacht warm und köstlich. Wir sitzen noch bis lange nach Mitternacht an unserem Zeltplatztisch und sprechen über den vergangenen Tag. Dieses wohlige Nachempfinden und Ausspannen gehört mit zu den schönsten Augenblicken unserer Tour. Man bummelt ein wenig herum, holt sich noch eine kalte Milch aus dem Shop, inspiziert die (immer sauberen) Waschräume, studiert dabei die unzähligen fremdartigen Insekten, die um die Lichter der Außenfront taumeln, schaut mal beim Nachbarn vorbei, steckt den Finger in den Swimming-pool (28 Grad!), raucht und schreibt Tagebuch oder Postkarten im blassen Licht der Laterne. Diesmal bauen wir keine Zelte auf, sondern legen uns auf den weichen Rasen, den Blick zu den Sternen gerichtet.

Schüttelfrost in der Hitze

170 Kilometer nach El Paso! Es sah auf der Karte so harmlos aus. Die gewaltige Interstate windet sich breitflächig durch die kahle, rundfelsige Sierra Blanca und die Quitmans Mountains. Wir durchfahren dabei unsere zweite Zeitgrenze und „gewinnen" eine Stunde. Als wir im supermodernen Tourist Center von El Paso, das etwa zehn Meilen vor der Stadt liegt, ankommen, ist es immer noch elf Uhr.

Nebenan entdecken wir das Cavalry-Museum. Es zeigt Waffen, Ausrüstungs- und Gebrauchsgegenstände von der Zeit der spanischen Eroberung bis zur Errichtung des berühmten Fort Bliss, dem Standort der ersten Cavalry-Division, unter Einbeziehung vieler Elemente, die zur mexikanischen Geschichte gehören. Immerhin war Texas von 1519–1685 spanisch, von 1685–1690

Im Cavalry-Museum von El Paso

französisch, dann wieder spanisch, von 1821–1836 mexikanisch, von 1836–1845 Republik, von 1861–1865 Mitglied der Südstaaten-Konföderation, und seit 1865 gehört es zu den USA. Wir wissen eigentlich gar nichts über die Cavalry, und als wir nach einer Stunde wieder draußen stehen, schwirrt uns der Kopf vor Namen und Daten: General Custer und die 7. Cavalry, Buffalo Bill und Annie Oakley, Emiliano Zapata, Pancho Villa und General „Black Jack" Pershing, das Massaker bei Washita, die Schlacht am Little Big Horn. Vor unseren Augen tanzen die Waffen und Sättel, die Werkzeuge und Bilder von Indianerhäuptlingen, Freiheitshelden, Banditen, Revolverschützen, Sheriffs, Pferdedieben, Generälen und Cowboys. All diese Dinge übten einen unwiderstehlichen Reiz auf uns aus, aber jedesmal, wenn wir eine Western-Relique vorsichtig zu berühren versuchten, zischte uns eine uniformierte Aufsichtsperson leise an: „Please, do not touch!"

Wie bringt man das alles nur in geordnete zeitliche und örtliche Beziehung zueinander? Da hätte man vorher doch besser einige Bücher lesen sollen. Wir sind ziemlich kleinlaut und stellen fest: So wie Karl May und die vielen Filme ihn beschreiben, war der Wilde Westen absolut nicht!

Nach diesem Abstecher in die Vergangenheit geht es wieder auf die Interstate 10, Richtung El Paso, der riesigen Grenzstadt zwischen Texas, Mexiko und New Mexico. Wir verspüren keine Lust, in die Stadt hineinzufahren. Die grandiose Einsamkeit, die wir bisher erlebten, hat eine fast allergische Abneigung gegen Massensiedlungen und vor allem Verkehrsampeln erzeugt, die schon wieder überall herumblinken.

Aber ob wir nun wollen oder nicht, wir müssen unseren Vorrat an Spezial-Öl ergänzen; die Harleys verbrauchen in der Hitze eine Menge davon, und mehr als zwei Literdosen bringen wir nicht unter. Also brausen wir zu „Barnetts" am nahegelegenen Montana Drive und schauen uns ein wenig um. Unsere Maschinen sind

Gott sei Dank alle in Ordnung (toi, toi, toi!), und so bleibt's bei den üblichen Souvenirs: T-shirts, Aufkleber und Abzeichen. Postkarten und Prospekte haben wir schon genügend im Visitor Center mitgenommen – also laßt uns weiterfahren.

Fahren – das ist irgendwie eine Sucht geworden. Fahren bis zur abendlichen Erschöpfung – Fahren als Erlebnis einer Landschaft, eines Landes. Wo wir auch tagsüber stehenbleiben, es hält uns nicht lange. Die Straße lockt unaufhörlich weiter zu unbekannten, neuen Traumzielen. Hat man die aber erreicht und gesehen, treibt uns die Neugier weiter: Was kommt danach – wie sieht's dahinter aus?

Nachdem wir diese hohen, kahlen, blaßlila bis rötlich schimmernden Berge hinter El Paso, die durch gewaltige Sendemasten und Radar-Anlagen optisch niedergedrückt und verunstaltet werden, hinter uns gelassen haben, erreichen wir Las Cruces, die erste größere Stadt in New Mexico. Dort verlassen wir nun endgültig die Interstate 10 und drehen nach Norden auf die sacht ansteigende US 70 zum sattelähnlichen San-Augustin-Paß ab. Von diesem Paß aus hat man einen wunderbar weiten Blick auf eine grüne Tiefebene, die in der Ferne von blauen Bergketten begrenzt wird. Aber die Idylle trügt. Dort unten liegt das „White Sands"-Raketen-Versuchsgelände. Fast die ganze Gegend ist militärisches Sperrgebiet, was die Amerikaner aber nicht hindert, an dem hochgelegenen Aussichtsplateau eine Panorama-Tafel auszustellen, auf der all die winzigen weißen Klötzchen, Punkte und Pilze da unten genau erklärt werden. Ganz in der Ferne liegt die „Holoman Air Force Base" – der Heimathafen des „Strategic Air Command", der Atombomberflotte des Westens.

Was im Moment nur ich weiß und auch für mich behalte, ist etwas entsetzlich Bedrückendes und hängt mit der Atombomberflotte unmittelbar zusammen: Eine der blauen Bergketten am Horizont ist die Sierra Oscura. Dort wurde im Juli 1945 die erste Atombombe gezündet, ein Ereignis, das die Welt nachhaltig verändert hat. Ich habe diese Geschichte schaudernd gelesen. Der unvermittelte Anblick dieser harmlosen fernen Berge erfüllt mich plötzlich so mit Furcht und Grauen, daß ich Schüttelfrost bekomme. Jürgen sieht mich erstaunt an.

„Fehlt dir was? Du bist ja ganz käsig, Mensch!"

Mir schießen die Tränen in die Augen, und meine Kehle ist wie zugeschnürt.

„He – kommt mal her, der Oluf hat einen Anfall!"

Verdammt, wie kann mir das passieren? Ich winke ab und setze mich in der Hitze, die ich auf einmal nicht mehr spüre, an einen Randstein, um wieder zu mir zu kommen. Das kann ja heiter werden! Nur mühsam finde ich meine Fassung wieder, aber immer noch muß ich auf die fernen Berge blicken. Als ob ich dabeigewesen wäre und es 34 Jahre nicht gäbe. Hat mir da meine übersteigerte Phantasie einen Streich gespielt? Aber die (vergangene) Wirklichkeit ist entsetzlicher als alle Ausgeburten der wildesten Phantasie. Hier waren Wissenschaftler, Techniker und Militärs bereit gewesen, diese schöne Welt notfalls zu vernichten. Und alle Angst vor dem greifbar gewordenen Weltuntergang konzentriert sich bei mir auf dieses Fleckchen Erde. Ich sitze am Straßenrand, heule und kriege keine Luft mehr. Die anderen stehen vollkommen hilflos um mich herum und wissen nicht, was mit mir los ist. Ich sage nichts. Ich laß mich doch nicht auslachen – wer regt sich heute noch über eine Atomexplosion von vor 34 Jahren auf! Nach einer halben Stunde bin ich wieder einigermaßen „normal". Wir werden hinfahren, und ich werde ihnen die Geschichte erzählen.

Dann preschen wir die lange US 70 in die weite Ebene hinunter. Links und rechts ist alles abgesperrt – weiß getünchte Baracken, Überwachungsanlagen, Radarschirme und Antennenmasten stehen vereinzelt hinter hohen Zäunen. Aber mittendrin liegt etwas Einmaliges: das „White Sands"-National-Monument. Gegen fünf Uhr sind wir dort.

White Sands – das ist glühender Schnee, blendendweiße Sand-

Was wie Schnee aussieht, ist in Wirklichkeit Sand

dünen – in die Pflüge eine Schneise gefräst haben. Wie die Millionen Tonnen der feinen weißen Körnchen, die früher als Scheuer- und Streusand verkauft wurden, in diese Gebirgslandschaft gekommen sind, weiß man nicht genau. Der gelangweilte Ranger, der in seinem Jeep dafür zu sorgen hat, daß sich bei Einbruch der Dunkelheit keine Besucher mehr hier tummeln, gibt uns freundlich, wenn auch nicht gerade erschöpfend, Auskunft: „Soll mal'n großer Fluß gewesen sein."

Dann gibt er uns aber noch den Rat, den Sonnenuntergang abzuwarten. „Ihr habt dann noch genügend Zeit, die fünf Meilen bis zum Ausgang zu schaffen. Ich halt das Tor für euch offen."

Die Sonne versinkt, wie angekündigt, als gelber Glutball hinter der blauen Bergkette und färbt die Sanddünen erst rot, dann grau.

Eine halbe Stunde später quartieren wir uns in Alamogordo in einem kleinen, preiswerten und sauberen Motel ein, das Vierbettzimmer zu 20 Dollar. Im gegenüberliegenden „Sizzlin Steak House" erzähle ich dann den anderen die Geschichte der ersten Atombombe und des Platzes, den wir morgen besuchen wollen – aber es

OREGON
IDAHO
WYOMING
NEVADA
UTAH
COLORADO
ARIZONA
NEW MEXICO
CALIFORNIA
MEXICO
Pacific
ROCKY MOUNTAINS
SIERRA NEVADA
GRAND CANYON
SALT LAKE CITY
DENVER
Central City
Vail
Buena Vista
Gunnison
Black Canyon
Montrose
Ouray
Silverton
Antonito
Alamosa
Durango
Cortez
Mesa Verde Nat. Park
Monument Valley
Navajo
Kayenta
Tres Piedras
Espanola
Los Alamos
SANTA FE
Jemez Pueblo
Bernalillo
ALBUQUERQUE
Pueblo Ind. Res.
Socorro
Carrizozo
Atom Site
Alamogordo
White Sands
Las Cruces
EL PASO
CIUDAD JUAREZ
Deming
Lordsburg
Willcox
Benson
Tombstone
Sierra Vista
TUCSON
Ajo
Lukeville
Sonoita
PHOENIX
Flagstaff
Williams
Cameron
Grand Canyon
Kingman
Hoover Dam
LAS VEGAS
Colorado
Yuma
San Luis
El Centro
MEXICALI
Disney Land
SAN DIEGO
TIJUANA
Santa Ana
LONG BEACH
LOS ANGELES
Hollywood
Malibu Beach
Santa Barbara
San Luis Obispo
Morro Bay
San Simeon
Monterey
Castroville
Santa Cruz
SAN JUAN
OAKLAND
SAN FRANCISCO
Manchester
Mendocino
Fort Bragg
Redwood Valley
Colusa
Clear Lake
SACRAMENTO
Marysville
Truckee
Lake Tahoe
Bridgepoint
Bodie
Mono Lake
Lee Vining
Bishop
Lone Pine
TAL DES TODES
Rhyolite
Beatty
Death Valley Jct.
1
20
395
24
50
550
25
160
66
40
95
380
54
10
86
8
5
Interstate
Highway
Bundesstraße
100 Meilen
100 km

beeindruckt sie nicht allzusehr. Vielleicht finde ich nicht die richtigen Worte, vielleicht ist auch der Steakduft nicht die passende Zugabe dafür. Meine Beklemmung ist vorbei – eine Geschichte aus der Vergangenheit dieses Landes, wie manche andere. So gehen wir noch auf ein paar Bierchen in die nächste Bar.

Wo der Weltuntergang getestet wurde

Am 16. Juli 1945 geht gegen drei Uhr nachts ein heftiges Gewitter über der Sierra Oscura, etwa 60 Meilen nordwestlich von Alamogordo, nieder. Die blaugelben, zuckenden Blitze beleuchten gespenstisch ein von Regenböen umtostes, 30 Meter hohes Stahlgerüst, auf dem eine flache Wellblechhütte steht. Dort oben liegt „Das Ding" – das Drachenei, eine meterdicke Stahlkugel, von unzähligen Kabeln wie von Schlangen bedeckt. „Gorgonenhaupt" haben die Wissenschaftler sie getauft. Viele hundert Augenpaare versuchen inzwischen, das Dunkel der Nacht kilometerweit zu durchdringen. Die Atomwissenschaftler Edward Teller, Robert Oppenheimer, der Sprengstoffexperte Georg B. Kistiakowsky, General Leslie R. Groves, der Leiter des Projektes „Manhattan" (Deckname für die Entwicklung der ersten Atombombe) und der spätere Atomspion Klaus Fuchs sind dabei. In seinem provisorischen Unterstand konzentriert sich Joe McKibben auf den monotonen Countdown von Sam Allison, dessen heisere Stimme aus krächzenden Lautsprechern durch die nächtliche Einsamkeit der Wüste hallt. Joes Hand ruht auf dem Schalter. Wenn Allison bei Null angekommen ist, wird Joe auf den Schalter drücken. Dann wird sich das Schicksal der Menschheit, vielleicht sogar dieses Planeten entscheiden. Einige Wissenschaftler haben Wetten abgeschlossen, daß die Explosionshitze den Sauerstoff der Atmosphäre in einen alles vernichtenden Atombrand versetzt – irgend jemand hat die Chance dazu von 1:10 000 errechnet. Bei „One" legen alle Beobachter und Militärs ihre schwarzen Brillen an – ein gespenstisches Tun in der völligen Dunkelheit.

Um 5 Uhr, 29 Minuten, 45 Sekunden ist die heisere Stimme mit einem Schrei bei „Zero" angelangt, und McKibben legt den Schalthebel um.

Aus der Schwärze der Nacht bricht ein greller Blitz hervor, und Bruchteile von Sekunden später geht über der Wüste New Mexicos eine neue, unbekannte Sonne auf und taucht alle umliegenden Hügel und Berge in ein außerirdisches, nie gesehenes gleißendes Licht. „Mein Gott, die Langhaarigen (Wissenschaftler) haben die Kontrolle verloren!" schreien ein paar Militärexperten, die von dem höllischen Feuer geblendet werden. Dann rast eine gewaltige grollende Druckwelle über die Ebene, die alles mitreißt, zur Stratosphäre hochjagt oder zu Staub zerbläst, was sich ihr in den Weg stellt. Sie ist bis nach El Paso und Arizona zu spüren, und noch in 380 km Entfernung zerbersten Fensterscheiben. Wo der Stahlturm stand, gähnt jetzt ein 500 Meter breiter und 8 Meter tiefer Krater, dessen geschmolzener Boden langsam zu einer glasigen grünen Masse erstarrt. Ein neuartiges Gestein – „Trinitite" – das „Atomglas" – ist entstanden, ein neues Zeitalter ist angebrochen. Amerikas bestgehütete Geheimwaffe ist erfolgreich erprobt worden, und noch in derselben Stunde gehen verschlüsselte Telegramme an Präsident Truman, der gerade in Potsdam zu Mittag ißt. „Das Baby ist gesund und kräftig." Der Drache ist geboren. Und Ken Bainbridge sagt zu Robert Oppenheimer: „Nun sind wir alle Hundesöhne" – was soviel heißen soll wie: Jetzt tragen wir alle das Kainsmal der Schuld. Eine riesige Wolke radioaktiven Abfalls zieht über New Mexico und bedeckt das Land mit tödlicher weißer Asche.

Die gleichzeitig gebaute zweite Bombe ist schon unterwegs nach Hiroshima. 86 000 Menschen starben durch sie, und viele Tausende siechten unter unsäglichen Qualen jahrelang dahin.

Schweißgebadet wache ich auf, von wilden Angstträumen geschüttelt, die Bombe hat mich wieder eingeholt. An Einschlafen ist nicht mehr zu denken. Die anderen liegen friedlich in ihren Betten. Vielleicht haben sie die Bedeutung des Ortes und die Tragweite des Geschehens gar nicht begriffen. Vielleicht wollen sie es auch nicht begreifen. Vielleicht war es auch falsch, hierherzukommen als lustige Motorradtouristen, denen Amerika nur die fröhlichen Seiten zeigen soll. Aber Alamogordo ist mit dem Grauen des Atomzeitalters untrennbar verbunden. Und wir werden noch mehr solche Orte sehen.

Sandsturm vor Albuquerque

Bevor wir jedoch das freundliche, hübsche Städtchen verlassen, gibt es noch eine Menge zu tun. Als Lixi am Morgen die Motorräder kontrolliert, entdeckt sie, daß bei meiner FXE die Haltestrebe gebrochen ist, an der der hintere Auspufftopf angeschraubt ist. Wir nehmen das Ding auseinander, und Jürgen (der am besten Englisch spricht) saust mit Ilona los, um eine Werkstatt zu finden, die den Bügel schweißt. Ich rufe um 11 Uhr den Bayerischen Rundfunk zum dritten Report an und erzähle Wolf Mittler von unserer derzeitigen Situation und dem Ort, an dem wir sind. An und für sich klappt ja alles ganz vorzüglich, und es macht mir natürlich einen Mordsspaß, den geplagten Autofahrern zu Hause von der Weite des Landes, dem schönen heißen Wetter und dem überaus schwachen Verkehr zu erzählen!

Ilona braucht endlich anständige Stiefel. Sie kann sich einfach von ihren geliebten, aber vollkommen unzweckmäßigen Turnschuhen nicht trennen (Lederhose und weiße Turnschuhe!). Ich mache ihr klar, daß es für Schlangen, Skorpione und Vogelspinnen ein leichtes ist, das dünne Tuch oder die Socken glatt zu durchbeißen

Die tägliche Inspektion

und zu durchstechen. Sie läßt sich endlich überzeugen und besorgt sich ein Paar Cowboystiefel. Ich kaufe mir in einem Rock-Shop ein Stückchen Weltuntergang: für 20 Dollar einen zentimetergroßen Brocken des grünlichen „Atomic-glass" Trinitite, in einem sorgfältig beschrifteten Schächtelchen säuberlich auf Watte verpackt. Die Frau im Laden erzählt mir, daß das „Big Hole" meterhoch mit Sand zugeschüttet und das Gebiet gesperrt wurde, weil es immer noch „heiß" ist und strahlt.

Um halb eins fahren wir endlich los, die US 54 nach Carrizozo, jenem kleinen Ort, der vor 34 Jahren beinahe das ahnungslose Opfer der radioaktiven „fall-out"-Wolke von Trinity wurde. Es ist ziemlich warm – aber hier macht sich doch schon die Höhe bemerkbar (1650 Meter). Der Fahrtwind ist ganz schön frisch, so daß wir nach etwa 30 Kilometern unsere Lederjacken wieder anziehen müssen.

In Carrizozo biegen wir nach links auf die US 380 ein, die sich durch eine heiße Hochebene bis nach San Antonio zur Interstate 25 hinzieht. Die gutgeteerte, schmale Straße ist lang und einsam, aber sie führt durch eine schöne und abwechslungsreiche Landschaft, schwingt sich kurvenreich über Hügel und Pässe mit weiten Fernblicken auf riesige Prärieweiden und blaue Bergketten. Nichts erinnert an die schreckliche Explosion von damals, das Land ist friedlich wie überall.

Wir halten im „Tal des Feuers". Die Gegend ist auch bei hellstem Sonnenschein unheimlich, ja, sie wirkt fast aggressiv. Überall liegen gewaltige, scharfkantige schwarze Felstrümmer herum. Hochgetürmte Aufwerfungen zeigen noch die wellenförmige Formation der erstarrenden Lava, die sich von einem etwa 50 Kilometer entfernten Vulkankegel heruntergeschoben hatte. Alte Sagen der hier ansässigen Apachen berichten noch von diesem feurigen Ereignis, das sich vor ein paar tausend Jahren abgespielt haben mag. Das Lavagestein ist morsch, und bei jedem Tritt bricht ein Schlackenbrokken ab und fällt klirrend in irgendein tiefes Loch. Überall stellen sich einem stachelige Kakteen mit gelben Blüten und glänzenden roten Früchten in den Weg.

Ein wenig später fahren wir an den drei Häusern von Bingham vorbei, dem nächstliegenden Ort zur Trinity-Site. Während der ganzen Fahrt geht mir der dramatische Ablauf der ersten Atombombenexplosion nicht aus dem Kopf. Wenn ich diese hier begonnene Geschichte mit allen Konsequenzen zu Ende denke, packt mich Wut, Zorn und Verzweiflung. Aber gleichzeitig erlebe ich den Augenblick des Daseins, das Land, die Luft, die brausende Fahrt viel bewußter und wacher. So werde ich zwischen Carrizozo und San Antonio von den widerstrebendsten Gefühlen hin- und hergerissen. Und ich habe viel Zeit zum Nachdenken. Wir brauchen Stunden, bis wir in dem winzigen Dörfchen San Antonio ankommen. Verschwitzt und durstig steigen wir vor der berühmten Owl-Bar ab, wo es die „heißeste" Chili-Suppe gibt, die ich jemals gekostet habe. Ehrensache, daß wir eine „Bowl" davon schlucken, auch wenn's wie Feuer auf der Zunge brennt, die

Im „Tal des Feuers"

Gurgel verschließt und Tränen in die Augen treibt. Und schwül ist es hier! Jürgen schläft in der dämmrigen Bar zweimal ein – aber vielleicht lag's auch an den zahlreichen Bieren, mit denen er seinen gewaltigen Chili-Brand löschte.

An der Ausfahrt von Socorro sehen wir eine große Tankstellenanlage und schwenken hinüber, denn unsere Tanks sind schon wieder fast leer. Kaum halten wir an den Zapfsäulen, springt uns ein lachender Schwarzer mit blitzenden Zähnen entgegen.

„Yeaah, guys – what a fine day for biking, eehh?"

Nanu – das ist doch „Satchmo" – Louis Armstrong! Dasselbe ausdrucksvolle Lachen, die gleichen weißen, rollenden Augäpfel, der gleiche Kugelkopf und die heisere Stimme! Aber es ist natürlich nicht „Satchmo", sondern Joseph, und er arbeitet hier. Der spaßige Joe saust um unsere Motorräder herum mit viel „Ahhas" und „Ohhs" und „that's fine! Wonderful – its very nice to see you!" Joe wienert und poliert und betankt alle Harleys fachmännisch, immer dabei lachend und schwatzend und alles bestaunend. Seine Fröhlichkeit ist ansteckend, und bald lachen wir alle mit ihm um die Wette, klopfen uns rundum auf die Schultern und fallen in das langgezogene, glucksende „ouhh-ouhh" ein. Wir geben ihm einen Dollar Trinkgeld, er bedankt sich hocherfreut und lacht und spaßt weiter. Noch lange winkt er uns nach, bis wir ihn bei der Auffahrtsschleife zum Highway 25 aus den Augen verlieren.

Nun ist es nicht mehr weit nach Albuquerque. Über einer kahlen Hügelkuppe sehen wir schon das Pueblo-Land mit der riesigen Stadt am Hang der majestätischen Bergkette des 3000 Meter hohen Sandia-Massives. Aber linker Hand braut sich ein gewaltiges Unwetter zusammen. Es zieht mit hochschießenden Wolkentürmen genau auf Albuquerque zu, oben weiße Pilze und unten pechschwarze Walzen mit herabhängenden grauen Regenfahnen. Nach der Isleta-Pueblo-Siedlung brausen wir ein wenig schneller als erlaubt zum Rio Grande hinunter. Schaffen wir es noch? Der Sandia-Peak ist schon hinter einem dunklen Regenvorhang verschwunden. Plötzlich wird meine Maschine voller Wucht nach rechts gedrückt – instinktiv lege ich sie in eine starke linke Schräglage, um die kräftige Böe auszugleichen. Dann packt uns der seitlich heranrasende Sandsturm, und im selben Moment knirscht schon der ganze Dreck zwischen unseren Zähnen. Wir müssen sofort das Tempo drosseln. Es sieht bestimmt sehr komisch aus, wenn wir auf der schnurgeraden Straße daherkommen, als lägen wir in einer Steilkurve. Selbst die Autos sind der Wucht des Sturmes nicht gewachsen und halten am Straßenrand. Die Sicht wird schlecht, denn der überall hochgewirbelte Sand, Staub und die lockere Erde kommen fast waagrecht über die Interstate gefegt.

Aber der Spuk ist innerhalb von ein paar Minuten vorbei. Als wir nach Albuquerque hineinfahren, um ein Motel zu suchen, haben sich Blitze, Hagel und Sandsturm nur ein paar Kilometer weiter schon ausgetobt. Schön, so ein Naturschauspiel! Vor allem, wenn man nicht drinsteckt und es von der Ferne mitansehen kann. Wir sind aber trotzdem vollkommen eingedreckt und eingestaubt. Da kommt also wieder nur ein gepflegtes Motel in Frage. Zum Glück sind in Amerika in allen Städten die Hotelviertel immer in der Nähe der Autobahn und kündigen sich schon lange vorher durch riesige Plakate an, auf denen die genaue Ausfahrt steht und meist auch noch Preise und Serviceleistungen. In Albuquerque sieht man die Hotels schon von weitem von der hochgelegenen Interstate aus – sie liegen fast alle am Menaul-Boulevard. Dort finden wir das herrlich gelegene und mit allem erdenklichen Luxus ausgestattete „American Family Lodge" – das Vierbettzimmer zu 25 Dollar. Herz, was willst du mehr. (Ebenerdig, die Maschinen stehen vor der Zimmertür!)

Und wieder verblüfft uns die amerikanische „hospitality". Nicht nur, daß wir – dreckig, zerzaust, unrasiert, in Leder und „Rockerjacken" – in der vornehmen Rezeption mit außergewöhnlicher Freundlichkeit bedient werden (na gut, das Hotel ist noch nicht voll!), auch die Zimmernachbarn (alles wohlsituierte Geschäftsleute) kommen gleich mit Hallo-Rufen heran und stellen sich händeschüttelnd vor, erfreut, Motorradtouristen zu treffen. Das machten sie auch manchmal, erklären sie, nur jetzt seien sie geschäftlich und deshalb notgedrungen im Auto unterwegs. Wie wir denn mit den Harleys zufrieden wären, und ob's Probleme gäbe, fragen sie uns. Sie geben uns auch gleich nützliche Tips, wo man am besten (und billigsten) essen kann, und was in der Stadt gerade so los ist. Wir erfahren, daß morgen abend im Coliseum das größte Rodeo New Mexicos beginnt und daß dort auch Charly Pride auftritt. Für uns steht sofort fest: Da bleiben wir, so was darf man sich nicht entgehen lassen.

Aber als wir uns am Abend in der einzigen offenen Bar – im Hilton – einen Schlummertrunk genehmigen wollen, lernen wir die konventionelle Seite kennen: Man läßt uns ohne Krawatte nicht hinein. So besorgen wir uns im Drugstore ein paar Dosen Bier und machen es uns vor dem Fernseher gemütlich.

Von Los Alamos ins Indianer-Reservat

Am nächsten Tag haben wir sozusagen frei. Ich hatte mir am Vortag bei der Hotelrezeption ein paar Prospekte geholt und lese vor, was hier alles geboten wird.

„Wir können mit der längsten Gondelbahn Amerikas auf den Sandia Peak hinauffahren."

„Mhm . . ."

„Wir können auch die Stadt ansehen, da gibt's eine Menge alter Missionskirchen . . ."

„. . . und noch ältere Denkmäler von Bronco, dem Gehängten – nee, nee!"

„Machen wir doch eine Rundreise durchs Pueblo-Land. 300 Kilometer – das schaffen wir locker, heute nachmittag sind wir wieder zurück." Angenommen.

Der Tag beginnt dann voller Wonnen. Im „Waffle-House" gleich neben dem Hotel verdrücken wir Riesenportionen duftender Waffeln mit süßen Erdbeeren und Schlagsahne. Die Motorräder, frisch versorgt, haben es heute auch leichter – wir lassen das schwere Gepäck im Hotel und fahren die Maschinen „blank". Wir lassen das etwa eine Fahrstunde nördlich gelegene Santa Fe rechts liegen und fahren die US 4 hoch, die in weiten Serpentinen auf die Mesas des Parjito Plateaus führt.

Auf einem vormals unzugänglichen Tafelberg erhebt sich die großzügig und modern angelegte Universitätsstadt Los Alamos, die erste Atomstadt der Vereinigten Staaten. Wo früher eine einsame Ausbildungs-Ranch für Boy-Scouts (Pfadfinder) lag, wurde in den vierziger Jahren die erste Atombombe gebaut. Heute steht dort das Atom-Museum. Die in sauber lackiertem Klinik-Weiß aufgestellten Attrappen der beiden ersten Atombomben von Hiroshima und Nagasaki (die eigentlich für Deutschland gedacht waren!) flößen keine Angst mehr ein – die Phantasie muß sich anstrengen, um hinter all den bunten, spielzeugartig ausgestellten unverständlichen technischen Geräten die Ursache für unvorstellbare menschliche Ängste und Leiden zu sehen. Einsteins Brief

Die weiß lackierten Attrappen der beiden ersten Atombomben

Im Hochtal des Santa-Fe National Forest

an Präsident Roosevelt, in dem er für die Verwirklichung des Atomenergie-Projekts eintrat, hängt hier, und die Orden für Wissenschaftler und Militärs, die das böse Spiel mitmachten, sind ebenfalls ausgestellt. Gerechtigkeitshalber muß man aber sagen, daß auch die Prozeßunterlagen des Oppenheimer-Tribunals einzusehen sind.

Nachdenklich und betroffen fahren wir weiter. Das Land ringsum ist von lieblicher, romantischer Schönheit. Nicht weit von Los Alamos liegt in einer sonnendurchglühten Talsenke das Bandelier-Nationalmonument, das aus prähistorischen indianischen Ruinen besteht! Aber wir verzichten auf den Besuch der Ruinen und halten erst an, als sich eine malerische anheimelnde Idylle vor unseren Augen auftut: das Hochtal des Santa-Fe National Forest mit dunklen Wäldern und saftigen Kuhweiden, silbernen Seen, die von bunten Blumenwiesen eingefaßt werden. Einige Blockhütten stehen im Schatten knorriger Baumgruppen, das Holzgatter steht offen, die Viehtränken werden aus klaren Bächen gespeist – eine Shilo-Ranch, wie wir sie bisher nur aus dem Fernsehen kannten.

Eine Stunde später hat sich das Bild der Landschaft wieder vollkommen verändert. Von der gebirgigen Hochebene führt die Straße durch heitere Birkenhaine an einem sanft plätschernden

Die steilen Cliffs des Jemez-Cañons

Bergbach entlang zu den gewaltigen, etwa dreißig bis fünfzig Meter hohen rostroten Felsen – den „Cliffs" – des Jemez-Cañons. Sie ähneln märchenhaften Burgmauern mit schmalen Durchgängen und engen Zwischenräumen, Gassen, Hohlwegen, Türmen und Zitadellen.

Die geheimnisvollen Ruinen der mittelalterlichen Klosteranlage der Jemez-Mission, die in den blutigen Indianeraufständen des 18. Jahrhunderts zerstört wurde, sind heute ein nationales Denkmal, und die Ponderosa-Ranch (die nichts mit der gleichnamigen Fernsehserie zu tun hat) mit den alten verrosteten Dampftraktoren und den schwerfälligen Erntemaschinen vermitteln einen Eindruck von einer Ranch zur Zeit des Wilden Westens.

Das ganze Gebiet ist Indianer-Reservat. Hier leben die Pueblos, wie sie es seit je gewohnt sind, in ziemlich autonomer Selbstverwaltung, mit etwas Komfort und Technik allerdings, denn der bequeme „American Way of Life" ist auch hier eingedrungen.

Gegen sechs Uhr sind wir sonnenverbrannt und voller unvergeßlicher Eindrücke wieder „zu Hause".

Die Motorräder sind mit rotem Staub überzogen und haben dringend Pflege nötig. Wir wollen gerade damit anfangen, als sich ein großartiges Naturschauspiel ankündigt. Zuerst färbt sich der Horizont im Westen grellgelb und erinnert an einen riesigen lodernden Flächenbrand. Die weißen Wattebällchen, die den ganzen Himmel in einem halbkreisförmigen Fächer überziehen, werden erst an den Rändern, dann durch und durch rosa und fangen in Sekundenschnelle immer intensiver zu glühen an. Das Orange wechselt zu Rot, dann zu Purpur und das glasige Blau darüber von Kobalt zu Ultramarin. Wir stehen staunend neben unseren Maschinen, die wir eigentlich putzen wollten, solange es noch hell ist, und starren unverwandt nach oben. „Nun sieh dir das an – wie auf den Kitschpostkarten –, solche Farben gibt's ja gar nicht!" Wie wir später erfahren, ist der bizarre Sonnenuntergang typisch für Albuquerque.

Der restliche Abend gehört dem Rodeo und Charly Pride. Rund um das Coliseum ist Volksfest – drinnen geht's zu wie in einem überdimensionalen Boxkampfstadion. Wir sitzen für zwei Dollar ziemlich weit oben auf numerierten Plätzen und beobachten, was man alles mit Pferden, Stieren und Rindern anstellen kann. Es spielt sich leider ziemlich weit entfernt in der Sägemehlarena ab, allerdings mit gekonnten Show-Effekten. Die beherrscht auch der Volkssänger Charly Pride, der als Pausenfüller im offenen weißen Cadillac unter dem Farbenspiel der Flutlichtanlage hinter einer riesigen Drehbühne hereinrollt und während der halben Stunde viel Jubel und Beifall für seine Songs erntet. Aber er ist winzig klein da unten in seinem Glitzeranzug, und die dröhnende, volle Stimme aus dem Lautsprecher scheint nicht von ihm zu stammen.

Erst lange nach Mitternacht sind wir wieder im Motel. Das Rodeo dauert noch bis in die frühen Morgenstunden. Soll es!

Die Rockys schlagen zu

Freitag, der 14. September. Nach dem Frühstück – wieder Erdbeerwaffeln mit Sahne – sind wir wie gestern auf der Interstate 25 Nord nach Santa Fe unterwegs. Aber das Wetter ist heute trübe und unfreundlich, ein kalter Wind treibt tiefhängende Regenwolken von Nordwest heran – genau aus der Richtung, in die wir fahren. Weiß Gott, was uns da erwartet. In Santa Fe (sonst ein Inbegriff für Hitze und Sonne) ist die Temperatur auf 4–5 Grad Celsius gefallen, heftige Böen peitschen Regenschauer durch die fast leeren Vorortstraßen – ungemütliche Aussichten für eine längere Tagesfahrt. Wir suchen daher einen Motorradladen auf und kaufen für Ilona einen Regenanzug und Überstiefel. Dick eingepackt zockeln wir weiter. Das gestern so prächtig sonnenüberflutete Hochland mit seinen Mesas ist unter diesigen Regenschleiern verschwunden. Wir sehen nur die nasse Straße vor uns, die ich durch die Tropfen auf der Brille allerdings mehr schlecht als recht erkennen kann. Autos und Trucks haben ihre Scheinwerfer eingeschaltet, es ist dunkel wie bei Anbruch der Nacht, obwohl es noch nicht mal Mittag ist. Ich mache mir Vorwürfe, daß ich heute morgen so müde war und den Wetterbericht im TV verpaßt habe. Manchmal hört der Regen auf, aber die walzenförmige, kaum hundert Meter über dem Land treibende Wolkendecke sieht bedrohlich aus. In Española tanken wir nach.

Die US 285, die hier abzweigt, muß landschaftlich überaus reizvoll sein – grüne Weiden, klare Flüsse, dunkle Wälder und karstige Tafelberge geleiten sie in die ersten Hochtäler der hier auslaufenden Rockys –, aber wenn man friert und die Nässe langsam durch die Lederkleidung kriecht, hat man kaum noch einen Blick dafür. Es wird immer kälter, Wolken und Regen gehen in ein einförmiges Grauschwarz über, das sich in ekelhafter Dichte über uns stülpt. Der Teerbelag der Straße ist glatt und schlüpfrig. Ich lausche sorgenvoll auf den gleichmäßig arbeitenden Motor. Jetzt eine Panne wäre das Letzte. Langsam fangen die Fingerspitzen an weh zu tun, die Handschuhe sind völlig durchgeweicht. Auf der Straße ist kein Verkehr mehr, links und rechts hohe Tannenwälder – drohende Wände voller Finsternis, kein Hinweis auf menschliche Siedlungen. Keine Kreuzung, kein Wegweiser, nichts. Ich bekomme heftige Ohrenschmerzen. Kein Wunder – der leichte offene Sporthelm, mehr als Sonnenschild gedacht, hat keinen Ohrenschutz. Inzwischen machen sich auch die Zehen mit beißenden Schmerzen bemerkbar, die Cowboystiefel sind längst durch und durch naß. Der Regen, der heftig ins Gesicht schlägt, fängt an zu stechen, und ich bemerke, daß sich in die Tropfen große weiße Flocken mischen, die sich an den Brillenrändern in dicken Batzen festsetzen – es schneit. Eine halbe Stunde später habe ich vor Kälte solche Schmerzen, daß mein Herz rasend zu klopfen beginnt. Ich bekomme entsetzliche Angstzustände mit Atemnot und kalten Schweißausbrüchen. Als ob man nicht schon naß genug wäre. Stechende Schmerzen auch auf der Stirn, die zu vereisen scheint. Die Kälte hat sich jetzt auch in die Fingerspitzen verbissen, so daß die Vibrationen des Lenkers, den ich kaum noch halten kann, um so mehr schmerzen, je stärker ich zufasse. Ich versuche „Au“ zu schreien und zu heulen, aber es wirkt nicht, wenn niemand zuhört.

Eine unmögliche Situation. Wir sind für diesen Blizzard überhaupt nicht gerüstet oder darauf vorbereitet. Noch dazu in dieser einsamen Gegend. Hier stehenzubleiben, wäre Irrsinn. Langsam weiterzufahren, würde die Qualen nur verlängern. Also halte ich das Tempo mit einer gewissen Sturheit – soweit es Regen und Schneegestöber zulassen – etwa bei 60 Stundenkilometern. Der finstere Wald ändert sich nicht. Es ist der riesige Carson State Park, den die US 285 in einer endlosen Schneise durchquert. Ich fange an, völlig sinnlos zu zählen, nur um einen klaren Kopf zu behalten, vielleicht auch in der Hoffnung, daß bei „hundert“ (oder zweihundert) der böse Traum endet.

Aber der Traum bleibt quälende Realität. Als ich das Zählen längst aufgegeben habe und nur noch versuche, gegen die Tränen zu kämpfen, die der beißende, stechende, bohrende Schmerz auf der Stirn, in den Fingern und Zehen mir in die Augen treibt, kommt plötzlich eine Lichtung. Hinter einer Straßenkreuzung tauchen mehrere verwitterte Blockhütten auf, und ein Riesenschild, dessen ungelenke Buchstaben mich in helles Entzücken versetzen, verkündet: RESTAURANT & CAFÉ. Daneben eine Tankstelle. Dächer, Wiesen und Tannenzweige sind weiß. Es ist Tres Piedras – die Kreuzung der US 64, die von hier nur wenige Meilen zum größten Indianergebäude, dem festungsähnlichen Taos Pueblo, führt, das in einem anmutigen Hochtal liegt.

Das kleine Café ist vorläufig unsere Rettung. Wir stellen die geschundenen, dreckverkrusteten Maschinen davor ab und klettern im Zeitlupentempo mit viel Gestöhne und „Auas" aus den Sätteln. Lixi und Jürgen sind gar nicht mehr fähig, irgend etwas zu sagen, Ilona hat blaugefrorene Hände – alle haben wir Schneematsch unter dem Helm. Wir stolpern in den Vorraum und wickeln uns aus dem klammen, steifen Regenzeug.

Drinnen an der gemütlichen Theke bestellen wir alles, was heiß ist, wahllos durcheinander. Kaffee, Tee, Gulaschsuppe, Chilibohnen, Würstl und Hamburgers – nur her damit! In der Ecke sitzen vier Holzfäller in dicken Karojacken und betrachten uns sorgenvoll. Die Mutti hinter der Theke meint, das Wetter sei „very unusual" – sehr unüblich, für diese Jahreszeit. Die Holzfäller nicken. „Verri kolt!" Es sind Mexikaner, und ihnen ist das Wetter gerade recht – sie brauchen bei Schnee nicht zu arbeiten und kriegen eine Ausfallprämie. Aber es kann schon mal vorkommen, daß es hier im Sommer schneit – Tres Piedras liegt immerhin fast 3000 Meter hoch. Draußen wirbeln dicke Flocken in dem trüben Nachmittagslicht auf unsere braven Stahlrösser, es friert einen, wenn man nur hinsieht.

Nach einer Stunde – es ist inzwischen drei Uhr geworden – sind wir wieder einigermaßen lebendig.

„Hol doch mal die Karte raus!" Ich ziehe sie vorsichtig aus der nassen Lederjacke, und wir beugen uns über das aufgeweichte Papier.

„Wie weit ist es denn noch bis zum nächsten Kaff?"

„Rund 50 km nach Toas – da fahren wir aber zurück – oder 55 km nach Antonito, weiter auf der 285."

„Na, das werden wir doch schaffen . . ."

„Täuscht euch nicht – das ist länger als die bisherige Strecke, und das Wetter wird schlechter und kälter!" warne ich.

„Dann laßt uns mal sehen, ob wir was Warmes zum Anziehen finden!"

Wir gehen zur Tankstelle hinüber, die gleichzeitig einen Kramerladen hat. In der Ecke bullert ein kleiner Kanonenofen von der Sorte „Alaska-Blockhaus-Feuerstelle". Lixi stürzt sich gleich auf die vielen bunten Landschaftspostkarten von der Umgebung und schlägt voller Galgenhumor vor, eine Karte vom sonnigen Mexico nach Hause zu schreiben.

Als ich ihr wegen demoralisierendem Verhalten fünf Dollar Strafe androhe, schießt sie zurück. „Na hör mal – was heißt hier demoralisierendes Verhalten? Wer hat denn gesagt – eine heiße Motorradtour – jeden Tag Sonne und Hitze – wer hat gesagt, daß wir keine Regensachen, keinen Vollhelm, keine warmen Pullover und dicken Handschuhe brauchen? T-Shirt und Badehose genügen – eh?"

Tja, da hat sie's mir aber gegeben. Bevor sie noch weiter stänkert, zahle also ich die fünf Dollar (immer kommen diese dämlichen Einfälle von mir ...) in die Vereinskasse. Das ist übrigens eine alte Coladose, in die wir ständig unsere „überzähligen" 25-Cent-Stücke – die Quarters – hineinwerfen. Sie sind nämlich für alle Arten von Automaten und besonders fürs Telefonieren unerläßlich.

Die Hälfte des Warenangebotes machen Sportartikel aus, was in dieser Gegend heißt: alle Arten von Fischfanggeräten, Jagdwaffen, Messer, Äxte, Spaten, Kessel und Pfannen. Und derbes Regenzeug (aha!). Wir kaufen dicke Holzhackerhandschuhe zum Überziehen und nehmen einen Stapel alte Zeitungen mit zum Drunterziehen. Fast eine halbe Stunde brauchen wir, bis wir uns „angezogen" haben, worunter die genau programmierte Zeremonie eines vielschichtigen Einwickelns zu verstehen ist. Natürlich ist noch alles naß. Auch die restlichen T-Shirts, die wir überziehen, werden sofort feucht. Nur das Zeitungspapier, das wir in dicken Lagen unter die Lederjacken schichten, hält warm. Oben herum Schal, Wollmütze (neu gekauft, Bommel abgeschnitten!), Brille und Überbrille, die natürlich gleich beschlägt! Inzwischen hat Lixi, die sich zuletzt anziehen muß, alle Harleys angeworfen und warmlaufen lassen. Wie schwerfällige Astronauten klettern wir wieder auf die zum Leben erweckten Motorräder. Die Holzfäller sehen's staunend und winken uns aufmunternd zu. Das tut gut!

Dann fahren wir wieder an den endlosen schwarzen Fichtenwänden zu beiden Seiten der einsamen US 285 Nord entlang. Es schneit immer noch, und die Kälte kriecht wieder schmerzhaft in die letzten Winkel unserer Körper. Der Blick auf den Tacho ist deprimierend – von den 55 Kilometern haben wir erst zehn geschafft, und schon wird jeder weitere wieder zur Qual.

In diesen Momenten der Einsamkeit und der Furcht beginnen wir unsere Motorräder zu lieben und entwickeln ein persönliches, fast menschliches Verhältnis zu ihnen. Wir fangen an, mit ihnen zu reden; meist ermutigen wir sie zum Durchhalten und trösten sie über Unbill und Härten hinweg. Und es scheint so, als ob die Maschine mit ihren stampfenden Kolben, den hämmernden Ventilen, den exakt abfolgenden Explosionen in den dicken Zylindern, den rasenden Blitzen der Zündung, den kreisenden und schwingenden Rädern, den zitternden, vor- und zurückschnellenden Federn und Stoßstangen ein beseeltes Wesen wird, das zuhört, antwortet und sich mitzuteilen versucht. Die Amerikaner haben einen, vielleicht nicht ganz ernst gemeinten, aber typischen Spruch für dieses innige Verhältnis von Mensch und Maschine: „Have you hugged your Harley today?“ – „Hast du heute schon deine Harley umarmt?“

Eisenbahn-Narren

Um 17 Uhr geht's nicht mehr weiter. Die zitternden Hände können den Lenker nicht mehr halten, jeder Atemzug schmerzt, Augen und Ohren sind kaum noch aufnahmefähig, durch die Nase scheint scharfes Eis in den Hals zu dringen. Da taucht in der Dämmerung plötzlich ein langgestreckter Bau auf freiem Feld auf. Ein großes helleuchtendes gelbes Schild verkündet, daß es sich um das „Narrow Gauge Railroad Inn“ der „Best-Western“-Kette handelt. Ein Luxushotel also. Nichts kommt uns gelegener als dieses unverhoffte Wunder. 35 Dollar – was soll’s – Hauptsache, die Heizung geht. Schlagartig sind alle Lebensgeister wieder da, wir lachen und juxen herum. Mann – war das eine böse Fahrt! Wir haben das schönste und größte Eckzimmer und schleppen in bester Laune alles Gepäck nach oben. Lixi läßt es sich nicht nehmen, mitten im Schneetreiben noch die Ketten abzuschmieren, während wir anderen das nasse Zeug zum Trocknen aufhängen.

Eine Stunde später gehen wir in die Lounge und tafeln fürstlich.

Inzwischen haben wir erfahren, daß wir in Antonito sind und unser Hotel direkt neben einem Bahnhof der Schmalspureisenbahn „Toltec & Cumbres Scenic Railroad“ liegt, die dreimal wöchentlich eine Touristenfahrt durch die wilden Rockys unternimmt. Morgen sei so eine einmalige Gelegenheit, einen Tag lang mit der Dampfeisenbahn die gute alte Zeit noch mal mitzuerleben. Für nur 20 Dollar pro Person.

Da das Wetter die Weiterfahrt in die frisch verschneiten Rockys wahrscheinlich sowieso nicht erlaubt, kaufen wir gleich am Empfang die Fahrkarten. Dann nehmen wir noch ein heißes Bad und schlafen in dem mollig warmen Zimmer sofort ein. Der Fernseher geht nicht – die Sendeanlagen sind durch den Blizzard ausgefallen.

Am nächsten Tag sind wir schon um 7 Uhr in der Lounge und frühstücken. Rings um uns sitzen in dicke, wattierte Plastikjacken gewickelte Leute – ganz offensichtlich auch Passagiere der Dampfeisenbahn –, die unglaubliche Mengen Rühreier mit Speck (und Ketchup!) sowie Cornflakesbrei in sich hineinschaufeln. Auf den Tischen stehen riesige Kannen dampfenden Kaffees. Draußen ist alles verschneit, aber die Sonne lacht von einem wolkenlosen Himmel.

7 7292-14

Zwei Omnibusse bringen uns zum 60 km entfernten Chama, wo der urige Zug bereitsteht, uns nach Antonito zurückzufahren. Vor einigen Jahren haben sich ein paar Eisenbahnfans zusammengetan und die alte Westernstrecke, die schon längst aufgegeben und stillgelegt war, wieder instand gesetzt, samt den wackligen, hölzernen, mahagonirot gestrichenen, halboffenen Waggons und altersschwachen Loks. Die wiedererstandene höchstgelegene Eisenbahnlinie Amerikas ist eine Teilstrecke der ehemaligen Denver-Santa-Fe Railroad und war in den sechziger Jahren des vorigen Jahrhunderts für ihre Erbauer eine Herausforderung ersten Ranges, denn die gewaltige Barriere der Rocky Mountains galt auch bei den kühnsten Eisenbahnbauern als unüberwindlich.

Blick auf die hier gar nicht so wilden Rockys

Sechs Stunden dauert die Fahrt über den 3200 Meter hohen Cumbres-Paß, durch wilde Schluchten (Toltecs), einsame Wälder und Hochebenen. Unzählige Kurven und Gegenkehren muß die lange Wagenschlange bewältigen, die von zwei Dampf und Rauch spuckenden, donnernden und fauchenden 200-Tonnen-Lokomotiven gezogen wird: wuffata – wuffata – wuffata! Eine

Strecke mit furchterregenden Namen: Phantom-Kurve, Schlamm-Tunnel, Teufelsschlucht, Freimaurer-Park, Lava-Tank, Kaskaden-Cañon. Mitten auf der Lobato-Holzbrücke bleiben wir in schwindelerregender Höhe stehen, wo die erste Lok abgekuppelt wird und hinüberfährt – zwei Loks wären zu schwer für die „morsche Konstruktion“ heißt es. Vielleicht war's auch nur ein bißchen Schau.

Am höchsten Punkt, auf einer idyllischen Almwiese, gibt es unter dem alten hölzernen Wasserturm ein unvergeßliches Festessen im Freien: Stew und Nudeln aus der mitgeführten Gulaschkanone. Ansonsten werden die Passagiere stilecht an der Theke des Service-Wagens mit Kleinigkeiten versorgt. Alles ist noch so wie zu der Zeit, als Goldsucher und Minenarbeiter hier noch die einzigen (und letzten) Fahrgäste waren.

Wuffata – wuffata – wuffata – die Zeit vergeht wie im Flug. Wir stehen auf dem letzten offenen Wagen, und die Rußflocken

Ein echtes Western-Erlebnis liegt hinter uns

sprenkeln unsere Gesichter. Über die hölzernen Stege auf den schwankenden Waggondächern balanciert der Bremser und prüft die langen herausragenden Bremsstangenräder auf ihre Funktionstüchtigkeit. Es geht wieder abwärts – mit einer Lok –, und das Land wird langsam flacher.

„Zu Hause“ angekommen, haben wir einen prächtigen Sonnenbrand und Hunger wie die Bären. Ein echtes Western-Abenteuer ist zu Ende.

Ein Blick in die wilden Jahre

Der Sonntagmorgen kündigt sich mit strahlendem Sonnenschein, wolkenlosem, tiefblauem Himmel, aber recht frischen Temperaturen an. Ich muß etwa gegen 11 Uhr beim Bayerischen Rundfunk anrufen, bis dahin können wir schon ein Stück fahren. Wir verlassen Antonito um 9 Uhr und sind eine Stunde später in Alamosa, wo wir im dortigen „Best-Western“-Motel das freundliche Büromädchen bitten, uns nach Deutschland telefonieren zu lassen. Es stellt sich heraus, daß unsere Sendung erst in anderthalb Stunden vorgesehen ist, also warten wir hier die Zeit ab, denn der nächste größere Ort ist über 200 km entfernt, und mit den Münzfernsprechern ist das so eine Sache.

Im Hotelrestaurant lassen wir uns einen „Chief-Salad“ bringen. Niemals habe ich eine finsterere Luxushöhle gesehen als diese hier. Warum nur müssen die Amerikaner ihre Lokale, die so hübsch eingerichtet sind, verdunkeln und beleuchten wie eine römische Katakombe, noch dazu, wo draußen das herrlichste Bergpanorama zu bewundern ist? Fenster gibt es seltsamerweise nicht. Wir essen also mißmutig in der Finsternis unsere Salatplatte, und dann telefoniere ich wieder mit München. Am anderen Ende ist Anneliese Fleyenschmidt, der ich von unseren Schnee-

Abenteuern erzähle und daß wir jetzt die Rocky Mountains vor uns haben.

Aber eigentlich sind wir schon mittendrin – nur merkt man das nicht gleich. Die Berge sehen wie Vorgebirgs-Hügel aus – keine schroffen Felsen, und breite, offene Täler. Lediglich die Frische der glasklaren Luft und der tiefblaue Himmel verraten die wirkliche Höhenlage.

Der Rand-McNally Road Atlas (und erst recht alle anderen Straßenkarten) ist ein schlechter Witz für geübte Kartenleser. Da sind weder Höhenlinien noch entsprechende Farbschattierungen angegeben. Sieht man von den Beschriftungen einiger Gipfel- und Paßhöhen ab, weiß man überhaupt nicht, wo Berge und Täler verlaufen. Dabei sind die imponierend genug – überall 14 000 bis 14 400 Fuß hoch – also rund 4300 Meter – und durchaus nicht erschlossen.

Aber es stand uns der Sinn ja nicht nach alpinen Abenteuern, sondern nach den typischen historischen und landschaftlichen Sehenswürdigkeiten der Rockys, über die uns die vielen bunten Prospekte informierten, die in jedem Hotel aufliegen. Die berühmtesten Namen und schönsten Attraktionen haben wir in die Karten eingezeichnet und versucht, eine möglichst günstige Route zu finden. Diese Karten-Planung war immer ein großes Vergnügen für uns. Für die Rocky Mountains ergab sie einen verquetschten offenen Achter: über Buena Vista den Arkansas-River hinauf nach Leadville, weiter über den Loveland-Paß (3680 m) nach Central City und Denver. Von dort zurück und dann quer durch das Hochland am Kenosha-Paß die US 285 in Richtung Südwesten wieder über Buena Vista nach Salida, dann westwärts über Gunnison nach Montrose. Freunde hatten uns ans Herz gelegt, unbedingt den „Million-Dollar-Highway“ zu befahren, der als der wildeste und alpinste Teil des Highway 550 gilt und von Ouray bis Durango reicht. „Dort werdet ihr die Rockys kennenlernen!“

Natürlich lernen wir dabei nur einen winzigen Teil dieser so unterschiedlichen Gebirgslandschaft kennen, und vieles müssen wir auslassen – aber es packt uns jetzt wie einen Bergsteiger, der wohlgerüstet voll Erlebnishunger unten im Tal steht und freudig erregt zum Gipfel hinaufschaut: Da müssen wir hinauf, koste es, was es wolle!

Wir drücken unsere hochbeladenen Maschinen von den Seitenständern, und das tiefe Grollen der anspringenden Motoren ist die schönste Begleitmusik.

Die US 17, die wie mit dem Lineal gezogen in das erste Hochtal der Rockys über den Poncha-Paß nach Salida hinführt, ist 80 km lang und wird von Feldern, Wiesen und Weiden eingerahmt, bis die Berge an beiden Seiten immer näher rücken. Auf der gesamten Strecke kommen wir an nur zwei Ortschaften vorbei: Mosca und Moffat. Beide bestehen aus einigen verfallenen Bretterhütten und einer uralten Benzinpumpenstation. Die wenigen Farmen, die ich erspähen kann, sehen von weitem so aus, wie ich sie mir als kleiner Junge immer vorgestellt habe: Unter riesigen, schattigen Bäumen liegen schindelgraue Bretterhäuser mit weiß gestrichenen Fensterbalken, darüber ein rasselndes Windrad. Pferde, Kühe und Kleinvieh dösen friedlich an den Wassertrögen, nirgendwo Hast, Hektik oder moderne Bauten. Selbst die Autos, die verstaubt und verbeult zwischen Wellblechtonnen herumstehen, scheinen mehr aus den Anfängen der Motorisierung zu stammen.

Obwohl es schon Mittag ist und die Sonne fast senkrecht vom Himmel strahlt, ist es recht frisch beim Fahren. Wir haben uns daher alles mögliche angezogen, Pullover, Lederjacken und darüber noch die Regenkombis. Beim Motorradfahren muß man sich wohlig warm fühlen, das ist eine Grundvoraussetzung für den Fahrgenuß.

Die Landschaft zieht uns ganz in ihren Bann. Wissen die Leute eigentlich, in was für einem Paradies sie leben? Rechts neben der US 285 glitzert das kalte, klare Gebirgswasser des Arkansas-River und windet sich durch Untergehölz und Tannenschonungen, in denen immer wieder Wohnmobile und Holzhäuschen zu sehen sind. Vor Buena Vista – einer Mischung aus Westernsiedlung und modernem Alpendorf – leuchtet linker Hand der breite Kegel des 4327 Meter hohen Mount Princeton herüber – so harmlos, als wäre er gerade gut für eine Nachmittagswanderung. Wie wenig harmlos das Klima hier sein kann, ahnt man nur, wenn man die gewaltigen gelben Schneepflüge sieht, die säuberlich ausgerichtet in langer Reihe an ihren Stellplätzen auf einen plötzlichen Einsatz warten.

Immer wieder zweigen schmale Seitenstraßen ab, die durch enge Schluchten oder hochgelegene Bergrücken zu historischen Sehenswürdigkeiten führen, die wir aber aus Zeitmangel nicht besichtigen können.

Aber eine dieser historischen Stätten liegt doch auf unserem Weg und vereinigt so ziemlich alles, was wir uns von den Rockys erhoffen: Leadville – die silberhaltige „Bleistadt".

Die Hauptstraße von Leadville

Sie entschädigt uns reich für Entgangenes, und wir sind sofort von dem heute noch spürbaren Glamour der „großen Zeit" verzaubert, den das 3100 Meter hoch gelegene Minenstädtchen ausstrahlt. Schon bei der sanft ansteigenden Kurve, die in den Ort hineinführt, beeindrucken die schwarzen Abraumhalden und weit hinaufreichenden Schuttkegel mit den typischen Wellblech- und Holzbuden dazwischen. Die Hauptstraße ist ein originalgetreues Spiegelbild der wilden Jahre. Da sind sie wieder – die „falschen" Fassaden, hohe Bretterwände mit geschnitzten Gesimsen, hinter denen sich primitive Hütten verstecken, das Vordach auf die drei Holzpfähle gestützt. Manchmal sind es auch reichverzierte Säulen, die, resedagrün oder milchblau gestrichen, auf den rohen Bohlen der einstufigen Veranda stehen. Die ganze Häßlichkeit dieser planlos hingeklotzten Western-Architektur, die ihren Höhepunkt um die Jahrhundertwende hatte, steht heute unter Denkmalschutz.

Ein riesiger roter Backsteinbau fällt uns sofort auf: das Tabor Opera House. Die schmale, aber pompöse Fassade mit den blinden, leeren Bogenfenstern steht in seltsamem Kontrast zu dem schmucklosen Gebäude, das eher an eine Fabrik als an ein Opernhaus erinnert.

Wir parken unsere Harleys direkt vor dem Eingang und stecken einen Nickel (5 Cents) in die Parkuhr. Unter einem sechsarmigen billigen Jugendstil-Kronleuchter, der zwischen zwei knarzenden, abgegriffenen Schwingtüren hängt, betreten wir den Musentempel der Westernzeit. Das Kassenfenster, an dem man früher einmal die Logenplätze mit Goldnuggets zu bezahlen pflegte, ist geschlossen – aber gegenüber wartet hinter einer Glastheke die 78jährige weißhaarige Mrs. Furmann voll liebenswürdiger Aufmerksamkeit auf Besucher. Sie verkauft für zwei Dollar Eintrittskarten in die Vergangenheit.

Durch einen hohen, kahlen Gang, an dessen dunkelgrün gestrichenen Wänden ein paar vergilbte Theaterfotografien hängen, gehen wir zu der schmalen Treppe, die ins leere Foyer hinaufführt.

Matte Sonnenstrahlen fallen durch die staubigen Fenster auf die nackten Bodenbretter. Überall hängen Spinnweben, zwei verlorene, schmucklose Stühle werfen bizarre Schatten. Hinter einer schmalen, steilen Wand, die mit einer verschlissenen roten Seidentapete bespannt ist, liegt der Zuschauerraum – ein Schattenreich in Karmin und Gold, ein Gespenstersaal voll beklemmender Atmosphäre. Wir wagen kaum zu atmen, das ist kein Museum, sondern Geschichte zum Anfassen. Hier ist die Zeit des großen Goldrausches stehengeblieben, und die wilden zwanziger Jahre haben sich in diesen prächtigen Sarg zurückgezogen. Was mag das dämmige Halbrund mit seinen verschossenen Plüschsesseln alles miterlebt haben? Tosende Beifallsstürme, gellende Pfiffe, ab und zu Schüsse. (Die Löcher sind heute noch zu sehen!) Die Herren mit Stehkragen und Melone warfen mit Blumen und wilden Blicken um sich, die in Tüll gehüllten Damen steckten tuschelnd die Köpfe zusammen. Die Sänger schrien und liefen rot an (3100 Höhenmeter – da braucht man Luft!), das Orchester (immer schwach besetzt) und vor allem der Pianist lärmten vor der Bühne.

Und dann beginnt in der modrigen Stille die letzte Show. Jedesmal sitzen ein paar andächtig lauschende Besucher um den klapprigen Kassettenrecorder in der Ecke unter der blassen Lampe und lauschen Mrs. Theresa O'Brian, die mit brüchiger Stimme die Geschichte „ihrer“ Oper erzählt. Die Achtzigjährige liegt krank zu Hause, aber sie erweckt dieses berühmte Opernhaus dank der Technik immer wieder zum Leben.

Wir schlendern noch über die leere Bühne, auf der verschlissene Kulissen hängen, und werfen einen Blick in die kleinen Umkleide- und Schmink-Kabinen. Hier wurde nichts restauriert, ja nicht einmal aufgeräumt. Was übrigblieb von der Welt des falschen Scheines, hat man so gelassen. Viel ist es nicht mehr, die Requisiten und Kostüme sind längst in alle Winde verstreut. Das andere muß man sich dazudenken – ein Ort, der die Phantasie zu schaurigschönen Gemälden anregt.

Das Tabor Opera House zieht uns ganz in seinen Bann

Als wir das Tabor Opera House wieder verlassen, winkt uns Mrs. Furmann noch in ihr Nebenzimmer, in ein wohlsortiertes Chaos aus Haus- und Unrat, wo sich Überbleibsel aus ausgedienten Wohnungen und aufgelassenen Gemischtwarenläden stapeln – ein rührender Gelegenheitsmarkt für Amerika-Romantiker. Voller Wonne wühlen wir in Stapeln alter Zeitungen und bestaunen oder belächeln den ganzen Ramsch, der die tollen und schweren Jahre dieses Bergwerkstädtchens besser widerspiegelt als jedes Geschichtsbuch. Holzkohlebügeleisen, Schnapsflaschen in allen Formen und Farben, Waschmaschinen, Spiegel, Wasserkessel, Besteck, Spielzeug in Glasvitrinen, verstaubte Deckchen und wachstuchbezogene Stühle – alles nicht sehr alt und kostbar, aber ungeheuer echt und ehrlich. Ein Glück, daß wir nicht mehr Platz auf unseren Motorrädern haben, ich glaube, wir hätten sonst den halben Ramschladen leergekauft. Trotzdem verabschiedet uns Mrs. Furmann überaus herzlich, und wir verlassen ihr kurioses Domizil wie langjährige Freunde.

Unsere Mädchen haben inzwischen einen etwas luxuriöseren Kontakt zur Vergangenheit gefunden. Sie sitzen im gegenüberliegenden „Silver-Dollar-Saloon" und trinken aus großen, altmodischen Glaskelchen Bier vom Faß. Das 1879 eröffnete Lokal ist sorgsam in seinem ursprünglichen Zustand erhalten worden. Hinter der schwarzbraunen Mahagonibar das Spiegelregal mit dem ganzen bunten Giftsortiment, an den hohen Wänden Gold-Ornament-Tapeten und herrliche kitschige Bilder (Stilleben mit Dame im Liegestütz auf Kissen ...), die von ebenso herrlichen alten Bier-Reklamen ergänzt werden. Im hinteren Teil schließt sich ein verdreckter, kahler Billard-Saal an, in dem einige schweigsame Nietenjackenburschen ihre Bälle stoßen. Die schweren Harleychoppers, die vor der Tür in grotesken Verrenkungen geparkt sind, gehören offensichtlich zu ihnen. Von uns nehmen sie keine Notiz.

Wir steigen wieder auf unsere Maschinen. Schade, dieses Leadville hätte man sich eigentlich länger und gründlicher ansehen müssen, samt seinen ausgedehnten Silber-, Blei- und Kupferminen. Aber schon packt uns wieder die Lust, die scheinbar endlose Straße vor uns entlangzufahren, Wind und Sonne zu spüren und den Geruch der Wälder und Wiesen einzuatmen.

Knödel und Goldrausch

Wir bleiben auf der US 24. Die Landschaft erinnert stark an die bayerischen oder Allgäuer Alpen – die gleichen Fichtengruppen, die gleichen blumigen Almwiesen, darüber die gleichen gedrungenen Bergkuppen, vielleicht alles etwas weitläufiger und bestimmt einsamer. Nur die wenigen Häuser verraten, daß wir mitten in Amerika sind – Holzhäuser mit der typischen Veranda oder graue, bretterverschalte Giebelhütten. Erst kurz vor Minturn wechselt die Felsformation zu wuchtigen, quergeschichteten Tafelbergen, durch die man über Brücken und auf steilen Spitzkehren in das kleine, zwischen hohen Steinwänden und dunklen Tannen gelegene Dorf hinabfährt. Dort biegen wir auf die breite US 40 Interstate ab, die sich durch enge Täler nach Denver winden muß.

Abends sind wir in Vail, einem erst zwölf Jahre alten, rasant wachsenden Wintersportort, in dem alle nur denkbaren Baustile vertreten sind. Schwyzerhäusli stehen neben Norwegerhütten, kalifornische Bungalows neben Highlander-flats. Alles ist blitzsauber und gepflegt. Auch der Bürgermeister ist noch jung, erst 22 Jahre alt, und die Preise sind gemäßigt. Ich habe alte Freunde hier – die Brüder Oberlohr aus Kals am Großglockner –, die vor vielen Jahren erst als Skilehrer, dann als Musikanten seßhaft wurden und heute wunderschöne, preiswerte, mit allem Komfort ausgestattete Holzhäuser im Stil ihrer Osttiroler Heimat bauen. Holz ist in Mengen da und billig, die Grundstücke werden nur voll erschlos-

Vail vermittelt uns Heimatgefühle

sen gehandelt, große Bauauflagen und zeitraubende Vorschriften gibt es nicht; ein sauber gezeichneter Plan genügt im allgemeinen. Alle Installationen werden selbst gemacht, das Material dazu gibt's im Großmarkt. Wir kommen aus dem Staunen nicht heraus, als uns Rupert und Konrad ihre Baütätigkeit erläutern. Zwei komplette Reihenhäuser schaffen sie pro Jahr.

Blitzartig organisieren sie uns zu Ehren eine fröhliche Alpenfete mit Schweinebraten und Semmelknödel, Rotwein und Landlermusik. Viel hätte nicht gefehlt, und wir (zumindest ich) hätten alles hingeschmissen und wären hiergeblieben.

Ziemlich voll des süßen Weines rattern wir spät nach Mitternacht zwischen dunklen Bergwänden zu unserem Motel hinüber – dabei gehen Lixi und Ilona verloren. Jürgen und ich hören sie mehrere Male unten auf der Interstate herumbrummen, aber sie fahren immer wieder an der unscheinbaren Abfahrt vorbei und verschwinden stets aufs neue in der Finsternis. Anstatt ihnen zu helfen, lachen wir uns halbtot und legen uns schlafen. Nach einer Stunde rumpeln die beiden Mädchen mit ihrer Harley den Berg herauf und verkriechen sich wortlos in ihren Betten. Bald erfüllt sanftes Schnarchen den holzverschalten Raum. Draußen röhren Hirsche, und Murmeltiere stoßen schrille Pfiffe aus. Ferne Felswände werfen ein leises Echo zurück.

Der Morgen des sechzehnten Tages dringt mit eisiger Bergluft durch die geöffneten Fenster. Das dichtbewaldete Tal liegt noch im Schatten, die Gipfel sind von hier aus nicht zu sehen. Die Sättel unserer Motorräder sind weiß überzuckert: Reif.

Eine Stunde später sitzen wir in der Morgensonne vor dem McDonald von West-Vail und warten bei Hamburgers, Rühreiern und Kaffee auf ein bißchen mehr Wärme zum Weiterfahren.

„Ach, Kinder, ist das schön hier, Lixi halt doch mal den Finger in die Sonne . . ."

„Schön warm!"

„Na, nicht doch – erst in den Milk-Shake tunken!"

„Igittigitt – is ja eiskalt!"

„Siehste, da können wir doch noch nicht fahren!" (Immer dieselben alten Witze!)

Heute steht uns der höchste Paß unserer Tour bevor, der 3655 m hoch gelegene Loveland-Paß. Zu unserer Überraschung herrscht auf dieser Strecke starker Verkehr, vor allem Lastwagen und Wohnmobile kriechen in endloser Zahl die steile Straße hoch. Für sie ist, wie wir später erfahren, die Durchfahrt durch den Eisenhower-Tunnel auf der Interstate 70 gesperrt.

Da ich unsere Maschinen in den fotogensten Steilkurven und bei der Ankunft auf der Paßhöhe filmen möchte, verabrede ich mit den anderen, daß ich vorfahre und sie in geschlossener Kolonne genau fünf Minuten später nachfahren sollen. Nachdem sie mich passiert haben (bitte nicht winken!), sollen sie dann stehenbleiben, abwarten, bis ich vorbei bin, und dasselbe wiederholen. Ich muß mir in diesen knappen fünf Minuten nicht nur die schönsten Motive aussuchen, sondern auch die schwere 16-mm-Kamera auspacken, einstellen und die Belichtung ausmessen. Kein Wunder, daß ich die Serpentinen hinaufhetze und völlig aufgelöst oben ankomme. Die anderen haben inzwischen vor lauter Stehenbleiben und Vorbeifahren vergessen, daß ich ihre Ankunft oben filmen will und rauschen stolz – ohne mich zu sehen – über die Paßhöhe weg. Die Szene ist geschmissen. Noch atemlos vom Hin und Her, Aus- und Einpacken, Auf- und Absteigen, wurstle ich Kamera, Belichtungsmesser und Objektive wieder in die Packtaschen und stürze mich in den dichten Lastwagenverkehr, um die Ausreißer zurückzuholen. Gerade, als ich eine ganze Kolonne von Sattelschleppern überhole, die Wohnhaushälften über den Berg ziehen, kommen mir die beiden mit vollem Rohr entgegen. Entgeistert sehen sie mich bergab brausen. Zum Winken war die Zeit zu kurz, die Kurve zu eng, die Sicht zu knapp. Ich drehe also bei der nächsten Ausweiche um und haste wieder die Spitzkehren hoch. Prompt kommen mir die zwei Harleys wieder mit Voll-

Stilleben auf dem Loveland-Paß

dampf bergab entgegen – im Glauben, ich sei schon weitergefahren. Genug des grausamen Spieles – wir finden uns dann doch wieder oben zusammen und legen eine wohlverdiente Rast ein.

Noch runde 100 Kilometer bis Denver. Die US 70 Interstate wird immer breiter und verkehrsreicher, während die Täler immer felsiger und enger werden. Große Tafeln weisen auf berühmte Orte und ihre Sehenswürdigkeiten hin: Silver Plume, Georgetown, Idaho Springs – das sollte man sich alles in Ruhe ansehen. Doch leider fehlt uns die Zeit.

Wir haben uns das größte Goldgräbernest der Rockys ausgesucht – Central City – und biegen daher bald links auf die 119 ab. Eine enge Schlucht – ein Tunnel –, und da ist er schon, der berühmte Gold-River! Wir stellen die Motorräder ab und klettern den Steilhang zum klaren Gebirgswasser hinunter – und da blinkt es auch schon im Sand: Gold – Gold! Wir machen unsere Stiefel naß und planschen aufgeregt herum. Aber niemand ist da, der die Schätze hebt. Kein Wunder – es ist natürlich nur Katzengold – Kaliglimmer –, das echte, schwere Gold setzt sich tief unten im Schlamm und Geröll ab. Und hier gibt es gar keines.

Doch kurz bevor man bei Black Hawk auf der engen Straße nach Central City abbiegt, hat sich der verträumte Bach völlig verändert. Bis auf den tiefsten Grund umgewühlt, von am Ufer aufgetürmten Schutt- und Geröllhalden verunstaltet, ist er eine einzige Dauerbaustelle geworden. Verrostete Bagger, uralte Autoskelette, Kipploren und Bretterbuden stehen kreuz und quer zwischen Fichtenschonungen und auf überwachsenen Steinbrüchen. Auf vielen Tafeln steht „Gold Panning & Mine Tours $ 2,–".

„Also dann, Kinder, laßt uns unser Glück versuchen!"

Eine mühsame Arbeit: Für die zwei Dollar Lizenzgebühr darf man am langen Rieselrinnen-Trog den (schwach) goldhaltigen Schlamm in der bekannten Blechschüssel auswaschen. Wenn man es vorsichtig und gefühlvoll genug macht, bleiben am Grund

Im klaren Gebirgswasser blinkt Gold!

einige kaum sichtbare, gelbgraue Flöckchen übrig, die man mit der Fingerkuppe aufnimmt und in ein wassergefülltes Glasfläschchen absinken läßt. Wir haben das erfolglose Dreckspiel bald satt und steigen wieder (mit Kreuzschmerzen) auf die Motorräder.

Es ist nicht alles Gold, was glänzt!

Die Puppenhäuser von Central City

Als wir nach Central City hineinfahren, sind wir überrascht, wie klein die Stadt ist, die einmal beinahe die Hauptstadt Colorados geworden wäre. Putzige, bunte Spielzeughäuser stehen auf engstem Raum an den steilen Sträßchen zwischen Bergwerkshügeln und Abraumhalden, man glaubt, die Miniaturkopie einer Westernstadt vor sich zu haben. Aber so sah es eben früher aus – und man hat diese Zeit sorgfältig erhalten. Vielleicht ein bißchen zu grell geschminkt, den Goldrausch ein wenig überzogen. Central City ist ein „mouse trap", eine fröhliche, auf alt getrimmte Touristenfalle. Souvenirs, wohin das Auge blickt, und selbst der Parkplatz kostet einen Dollar. Kaum vorstellbar, daß dieser Puppenort einmal der größte Gold- und Silberlieferant der Rocky Mountains war!

Das nahegelegene Denver bringt uns wieder in die Gegenwart zurück. Der Stadtplan ähnelt einem eng bedruckten Schnittmusterbogen, und auf unseren vollgepackten Motorrädern haben wir kaum eine andere Wahl, als immer geradeaus zu fahren und nach einem passenden Hotel Ausschau zu halten. Es geht kilometerweit an Häuserblocks vorbei, langsam beginnen die Harleys im dichten Verkehr mit Staus und Stopps heiß zu werden. Mitten im dicksten Gewühl fängt Jürgens FXE an zu knallen und läuft nur noch stotternd auf einem Zylinder. Wir kommen gerade noch rechts raus an den Randstein. Zum Glück ist der Fehler schnell gefunden – eine Kerze hat den Geist aufgegeben und wird ausgewechselt.

Großstadtmelodie

Wir quartieren uns im sechsstöckigen „Royal Palace Motel" an der Kreuzung zum Colorado Boulevard ein, an dem wiederum – nur ein paar Ecken weiter – das Naturhistorische Museum liegt, das wir morgen besuchen wollen. Als wir unser Gepäck abladen und in das schöne Zimmer im vierten Stock hinaufschaffen, besprechen wir gleich das übliche Problem. Einerseits bietet Denver eine Fülle interessanter Sehenswürdigkeiten, andererseits wollen wir aber aus dem hektischen Gewühl so schnell wie möglich wieder heraus. Auch haben die Harleys eine gründliche Inspektion nötig – die 3120 Meilen (5000 km) bis hierher gingen doch nicht ganz spurlos an ihnen vorüber. Und der strapaziöseste Teil – die tausend Kilometer lange Überquerung der Rocky Mountains nach Westen – steht ja erst noch bevor. Das hätten wir uns eher überlegen sollen, denn die Harley-Werkstatt befindet sich 15 km weit draußen in Lakewood, wo wir durchgekommen sind. Und nun sitzen wir hier. Aber es ist zu spät, nochmals das Hotel zu wechseln.

„Also morgen früh raus zum Harley-Händler, dann wieder zurück zum Museum, dann wieder raus, die Harleys abholen und gleich weiter – einverstanden?"

„Einverstanden."

Ein wunderbarer, frischer Morgen treibt uns schnell aus den Federn. Der Harley-Händler macht um 9 Uhr auf. Zum Glück ist es Dienstag, denn montags haben alle Harley-Händler – als Ausgleich für den offenen Samstag – zu. Wir fahren also fast eine Dreiviertelstunde in dem brausenden Stadtverkehr in den weitläufigen Vorort Lakewood hinaus und geben unsere drei Maschinen in die Werkstatt. Wir dürfen auch unser Gepäck dort lassen, und man verspricht uns, alles bis 14 Uhr wunschgemäß fertig zu haben. Bei mir ist zum Beispiel das Aufblendlicht kaputt, die Lampe locker, die Kette zu lose, die Batterie kochte mal, das Getriebeöl muß nachgesehen, die Kerzen gewechselt und alles abgeschmiert werden. Bei Lixis FLH ist das Kupplungsseil zu lose, die Zündung ist nicht einwandfrei, der Motor geht im Leerlauf zu oft aus (verstopfte Leerlaufdüse?), das Aufblendlicht ist ebenfalls durchgebrannt, und ein Zylinderkopf ölt. Alles kleinere Schäden, und wir könnten sie auch mit dem Bordwerkzeug leicht reparieren. Aber die Mechaniker sehen vertrauenerweckend aus, das Lager ist bestens sortiert, der ganze Laden ist sauber, und alle sind freundlich und hilfsbereit (was in der ersten Arbeitsstunde der Woche durchaus nicht selbstverständlich ist). Jürgen läßt auch den großen Check machen nach dem Motto: „Wenn ihr was findet, repariert's gleich mit!".

Nach einem Imbiß fahren wir mit dem Omnibus für 50 Cents in die Stadt.

Das Naturhistorische Museum, das auf einer baumbestandenen Anhöhe liegt, ist eine museumstechnische Sensation. Noch nie habe ich eine so perfekte, lebendige geologische und biologische Darstellung unserer Erde und speziell natürlich Amerikas gesehen wie hier. Die vielen Schulkinder, die hier durchgeführt werden, lernen da sicher an einem Tag mehr als in einem ganzen Unterrichtsjahr. Den stärksten Eindruck machen auf mich die ungeheuer lebensecht gestalteten Tierpanorama-Sichtbühnen, vor denen man im abgedunkelten Raum steht, bis man glaubt, selbst am Nordpol oder auf den Feuerinseln zu sein. Doch nach zwei Stunden erlahmt unsere Energie. Bei den Kleintieren und Vögeln, die von der Museumsleitung wohlweislich in den obersten Stock gelegt wurden, müssen wir passen.

„Jetzt noch zwei Stunden Ameisen sind nicht mehr drin, so sehr wir auch die Tierchen lieben", meinen die Mädchen und erholen sich in einem dieser schrecklichen, sterilen Automaten-Restaurants. Zum Abschluß besuchen wir das Laser-Show-Spektakel im Planetarium. So haben wir von der Erschaffung des Universums (mit dem berühmten, ziemlich lauten Ur-Knall) bis zur Zukunft der Menschheit, die – wie kann es in Amerika anders sein – auf ferne Sonnensysteme gerichtet ist, die Entwicklung der Erde im Zeitraffer erlebt.

Die Harleys sind pünktlich fertig, und man präsentiert uns stolz die Rechnungen, in denen jedes kleinste Schräubchen penibel aufgeführt ist. So mögen wir es, alles ist sorgfältig überprüft, und wir geizen nicht mit Trinkgeld, was uns noch zusätzliche nützliche Hinweise und ein paar brauchbare Zugaben einbringt.

Über den Wadsworth Boulevard geht es dann immer geradeaus bis zur US 285 West, und nach einer halben Stunde sind wir bereits wieder in den einsamen Bergen. Wir fahren durch enge Flußtäler, über sanfte, aber hohe Pässe und weitläufige Hochebenen, die größtenteils zu Nationalparks gehören und daher unverbaut sind, nur einige Blockhäuser tauchen hin und wieder auf. Wir sehen Biberdämme, dicht neben der Straße, Hirsche und Damwild in Mengen, Kolibris, die an Blütendolden naschen, sehen Eichhörnchen und Präriehunde herumsausen, und wieder kommt es uns hart an, nicht stehenzubleiben und alles länger und näher anzusehen.

Nach einer halben Stunde Fahrt bereits wieder in den einsamen Rockys

Serpentinen hinauf und hinunter

Auf dem 3100 Meter hohen Kenosha-Paß wird es plötzlich empfindlich kalt. Eisige Hochgebirgsluft liegt über dem weiten Prärieland des Summit Lake Parks. Ganz hinten sind schon die blauvioletten Kuppen des Mount Princeton bei Buena Vista zu erkennen. Wir ziehen uns also wieder alles über, um die klimatischen Wechselbäder einigermaßen unbeschadet zu überstehen. Eigentlich wollten wir noch bis zum Gunnison-Reservoir, aber wir haben uns gründlich in der Entfernung verschätzt. Von Denver ist diese 370 Kilometer lange, schöne, aber kurvenreiche Strecke nicht an einem Nachmittag zu schaffen. Schon die 180 Kilometer nach Buena Vista kosten uns viel Kraft. Vielleicht liegt es an dem extremen Temperatur-Umschwung vom heißen, 1600 Meter hohen Denver zum doppelt so hoch gelegenen Summit-Lake-Plateau.

Natürlich tut uns der Hintern weh, natürlich haben wir Hunger und Durst, natürlich frieren wir an Händen und den ausgetrockneten Nasen. Und natürlich geben wir das niemals zu – gelobt sei, was hart macht.

Kurz nach Salida halte ich an. Es ist sechs Uhr, und die Sonne ist schon hinter den Bergen verschwunden. Blaugraue Dunkelheit folgt den kühlen Nebelschwaden, die aus den Hochtälern aufsteigen, in die jetzt die US 50 hineinführt. „Achtundachtzig Meilen bis Gunnison – Kinder, haltet ihr noch durch?“ (Hoffentlich nicht!)

Alles rechnet fieberhaft um – wir kommen immer noch nicht mit den 1,6 km langen Meilen zurecht. Kopfnicken.

„Aber es kommen hohe Pässe (kalt, kalt!) und es wird gleich Nacht!“ Allgemeines Kopfwackeln.

„Vielleicht sehen wir unterwegs eine Herberge ..."
„Na schön, beim ersten Schild fahre ich raus!"
„Na, nicht gleich beim ersten ..."
„Beim ersten! Klar?" Hoffentlich kommt überhaupt eines.

Es kommen einige. Sie bestehen ausschließlich aus drei (nicht immer richtig geschriebenen) Worten: „closed for season". Wann ist hier eigentlich die verdammte „season"? Die Gegend wird immer wilder und einsamer, der Himmel immer dunkler. Die Schilder sind kaum noch zu lesen. Wir hätten doch in Salida bleiben sollen.

Aber dann, kurz vor dem Monarch-Paß, in einem abgelegenen, dichtbewaldeten Tal, steht es plötzlich hell erleuchtet vor uns: das nagelneue Luxushotel „Ramadan-Inn" von Garfield. Noch nicht ganz fertig, als Wintersport-Center gedacht und mit saftigen Preisen. Egal, ich fahre raus und stelle die Maschine in den noch nassen Beton der frisch zementierten Vorhalle. Sorry.

Jürgen lacht. „Was sind wir doch für Luxus-Touristen geworden! Statt bei den Wölfen und Bären schlafen wir in vorgeheizten Plastik-Pfühlen!"

Allgemeine Empörung. „Na, weißt du was Besseres? Kannst ja draußen im Schlafsack pennen!"

„Huch – bei den Wölfen und Bären vielleicht?"

So abwegig war diese Vorstellung aber nicht. Hier starten wöchentlich zweimal Jeeptouren in die Wildnis der Rockys, bei denen von der Wildschweinhatz bis zur Blockhausromantik alles geboten wird, Ausrüstung und passende Bekleidung inbegriffen.

Am Abend lädt uns Jürgen in dem sündteuren Restaurant zu einem gewaltigen Festschmaus ein. Wir werden von einem offensichtlich auf „keep smiling" gedrillten Ober bedient, der uns gleich mit einem lässig-fröhlichen „Hello, folks!" die Speisekarten auf den Tisch klatscht. Seine gut gespielte, aber nichtssagende Kumpelhaftigkeit (Marke: dies ist der gute alte wilde Westen, und wir sind alle eine große Familie am Lagerfeuer ...) geht

Jürgen so auf die Nerven, daß er den jungen Mann grob zusammenschnauzt und ihm obendrein das Trinkgeld verweigert, denn auf unsere kleinen Sonderwünsche reagiert dieser gar nicht. Der Kellner ist so verdutzt, daß er uns anschließend den ganzen Abend an der Bar freihält. Es dauert lange, bis er begreift, daß seine möglicherweise vorgeschriebene, angeblich so umsatzfördernde Fröhlichkeit der Anlaß für Jürgens Zorn war. Ab da sind wir Freunde. Allen ist Vietnam-Veteran und stammt aus Garfield. Da er hier unbedingt bleiben will, ist er froh, in dem neuen Hotel endlich eine Anstellung gefunden zu haben. Nun verstehen wir die übertriebene Zuvorkommenheit am Anfang natürlich besser.

Wir werden ziemlich früh durch lautes Herumschreien und Getrampel auf den Gängen geweckt. Sechs Uhr – die Sonne ist noch nicht aufgegangen, aber da wir uns in einem Frühaufsteher-Touristen-Jeep-Tour-Hauptquartier-alles-inbegriffen-Sporthotel befinden, kann man nichts machen.

Wir gehen mißmutig hinunter. Die Cafeteria ist mit lärmenden, schmatzenden, Kaffee schlürfenden Männern und Frauen überfüllt, die alle aussehen wie kanadische Holzhacker am Morgen des Zahltages. Ich stakse mit steifen Beinen raus, um nach den Harleys zu sehen, die noch brav angekettet im inzwischen erhärteten Beton stehen. Es ist furchtbar kalt, etwa null Grad, der schwarze Wald strahlt Feindseligkeit aus, irgendwo rauscht ein unsichtbarer Wildbach.

Ich erinnere mich, daß meine FXE gestern nicht ganz sauber lief und am Schluß spotzte und stotterte. So schraube ich die Kerzen raus. Sie sehen beide schlimm aus – total verrußt. Da haben mir die Spezialisten in Denver doch den Vergaser zu fett eingestellt. Große Frage – soll ich, oder soll ich nicht? Ich vertraue den Spezialisten, rühre die Vergasereinstellung nicht an, sondern schraube lediglich neue Kerzen rein. Besser zu fett als zu mager.

Mit dem fünften Anruf beim Bayerischen Rundfunk klappt es

heute auch nicht. Wir haben einen ständigen Pfeifton in der Leitung, und Wolf Mittler bricht den Bericht daher ab. So werfen wir um 10 Uhr unsere Maschinen an und hinterlassen schöne Reifenprofile in der Ramadan-Inn-Vorhalle.

Wir sind müde und zerschlagen, die Gelenke und Knochen schmerzen, der kalte Fahrtwind beißt sich an allen ungeschützten Stellen fest, die Augen tränen, die Finger sind wieder am Abfrieren. So sind wir ehrlich froh, als schon nach fünf Kilometern der erste Halt kommt: die Madonna-Mine, die laut Prospekt ein unvergeßliches Erlebnis bietet, weil man mit einem elektrischen Spezialgrubenzug tief in das verlassene Gold- und Silberbergwerk hineinfahren kann – täglich alle halbe Stunde, von acht bis vier Uhr dreißig. Museum und Parkplatz frei. Aber weiß Gott, warum – der einzige Zufahrtsweg ist trotz der noch bestehenden „season" (bis 23. September, und heute ist erst der neunzehnte) und der groß angeschriebenen Öffnungszeiten mit einer dicken Kette sorgfältig verschlossen. Ich gehe zum „Museum" hinauf, aber es ist niemand da. Wie zum Hohn lärmen drüben auf großen

Die ehemalige Gold- und Silbermine Madonna-Mine

Abraumhalden Sattelschlepper und Kipplaster voll Betriebsamkeit im Staub und Geröll hin und her. Und weit über mir sehe und höre ich zwei vollbesetzte Jeeps mit ihrer buntkarierten Touristenfracht auf den Serpentinen heulen.

Jeeptouren sind eben doch einträglicher. Wir schreiben noch schnell „closed for season“ auf das Besuchszeit-Schild und schwingen uns wieder auf die Sättel unserer zweirädrigen Benzintraktoren, um zum Monarch-Paß (3444 Meter) hinaufzudonnern.

Die Sonne ist inzwischen höher gewandert und heizt die spröde Gebirgslandschaft langsam auf.

Die weitläufige Bergregion ist fast ausschließlich Nationalforstgebiet – also vor Industrie und Zersiedlung weitgehend geschützt. Angeln und Jagen wird als Hauptfreizeitbeschäftigung angepriesen. Riesige Ranches sind Sommerweide für halbwilde Rinderherden von mehreren tausend Stück Vieh. Ein Land für Cowboys, für die Pferde genauso Arbeitsgeräte sind wie Jeeps, Lastwagen oder Geländemotorräder.

Einmal meinen wir, die Rocky Mountains lägen schon hinter

Das „Blue-Mesa-Reservoir“ im Hochland von Gunnison

uns. Aber was vor unseren Augen auftauchte, ist nur das Gunnison-Hochland mit dem riesigen, langgezogenen Stausee, dem „Blue-Mesa-Reservoir“ in seiner Mitte. Heute spiegeln sich der tiefblaue Himmel und die rostroten Tafelberge in seiner glatten Oberfläche. Beifuß-, Salbei- und Thymiangestrüpp wachsen auf den weiten, gelbbraun verdorrten Ebenen und verströmen einen herben Duft. Wir halten dauernd zum Fotografieren an, und Jürgen schläft uns dabei einmal ein. Ich filme ihn, wie er friedlich schnarchend an seinen Seesack gelehnt auf der Harley sitzt, die Hände über dem Bauch gefaltet, den Sporthelm gegen die sengende Sonne tief ins Gesicht gezogen, so daß nur noch seine Bartstoppeln zu sehen sind. Ein Bild für Götter – aus dem erfolgreichen Geschäftsmann der großen Welt ist (zumindest zeitweilig ...) ein echter, glücklicher Easy-Rider geworden!

„Hallo!“

„Tag, Leute, gleich geht's weiter! Wo kommt ihr denn her? Is ja 'n prima Tag zum Motorradfahren!“

Ein Mordskerl von Straßenarbeiter mit Plastikhelm und einer Schaufel in der Hand reicht uns einen Kaugummi. Es ist Bob, und seine Mutter im orangefarbenen Overall winkt gerade mit der roten Flagge den Gegenverkehr durch. Weiter vorn planiert Paps mit einem wahren Monster von Universalbaumaschine, das dicke schwarze Dieselqualmwolken ausstößt, die rechte Straßenseite. Bob erzählt uns das alles gemächlich in drei Minuten, als er hört, daß wir aus Deutschland kommen. „Sind 'ne Familienbaustelle. Reparieren, wo's gerade nötig ist – heute hier, morgen da, den ganzen Sommer über. Unser Zuhause sind zwei Wohnwagen unten im Tal.“ Er steckt uns noch ein paar Kaugummis in die Taschen, und Mum gibt die Straße frei. Sie lacht über das ganze verschwitzte, staubige Gesicht. „Gute Fahrt – und seht doch mal vorbei, wenn's euch Spaß macht!“ Baustellen-Idylle in Amerika.

Gleich danach biegen wir rechts ab und folgen einer serpentinenreichen Straße, die auf einem windzerzausten, mit Beifuß bestandenen Hochplateau endet: dem Black-Cañon-Nationalpark. Urplötzlich stehen wir vor dem schroffen Abgrund einer wilden Schlucht, die man vorher weder sah noch vermutete. Hier hat sich der Gunnison-River einige hundert Meter tief durch das Gestein geschnitten. Er ist so weit unten, daß man ihn nicht mal rauschen hört. Die Schatten lassen die Tiefe schwarz erscheinen, die in der Ferne in Violett und Blau übergeht. Die kurvenreiche Straße führt am Rand des Cañons entlang, an den schönsten Stellen sind – zum Glück gutgesicherte – Aussichtsplätze angelegt. Dort warten auch die possierlichen Erdhörnchen mit blitzschnellen, ruckartigen Bewegungen und großen Augen auf kleine Leckerbissen von den Touristen. Sie sind so zutraulich, daß sie Erdnüsse oder Brotkrumen mit ihren winzigen Pfoten ganz schnell aus der dargereichten menschlichen Riesenhand entgegennehmen.

Meist fallen die Ränder der Schlucht schroff in die senkrechte Tiefe ab, in die man schaudernd hinunterblickt, aber an einer Stelle führt ein steiler Pfad abwärts. Ganz klar, daß wir da alle runter müssen. Wir treiben allerlei Blödsinn, die Mädchen spielen „Django, der Rächer" und zerren Jürgen in die knorrigen Äste des „hanging tree" – einer verdorrten Zypresse. Ich darf gottlob nur fotografieren. Als wir wieder hinaufschnaufen, bewundert gerade ein älteres Ehepaar unsere aufgepackten Harleys. Sie deuten mit vielen „look here" und „see that" auf unsere Ausrüstungsgegenstände und fragen fachkundig und detailliert nach der Reiseroute und unseren Erfahrungen.

„Es war schon immer unser Wunschtraum, einmal eine solche Motorradreise zu machen", verrät uns die weißhaarige Lady begeistert – „aber seit wir in Rente sind, fahren wir nur mit dem Auto herum!"

Und mit leuchtenden Augen zu ihrem ebenso weißhaarigen Mann: „Wir sollten doch den Wagen verkaufen und uns auf solche Dinger schwingen, was meinst du?“

„Da hast du verdammt recht, das sollten wir!“ Wir erkundigen uns noch nebenher nach ihrem Alter. Er ist 75, sie 72. Das wäre gerade der richtige Zeitpunkt, meinen sie.

Obwohl die Tanks noch fast voll sind, füllen wir sie in Ouray nochmals bis zum Rand. (Es gibt wieder mal kein Super!) Das verschlafene Nest liegt am oberen Ende des „Million Dollar Highway“ – jener 180 Kilometer langen Straße, die über eine gewaltige Felsenbarriere führt, die sich gleich hinter der Main Street als drohende Mauer auftürmt. Am anderen – südlichen – Ende ist Durango; dazwischen liegt noch das Goldgräberstädtchen Silverton, und es kommen noch viele Pässe. Den ersten gehen wir gleich an, denn es ist schon fünf Uhr nachmittags. Die Schatten werden schnell länger und verdüstern die ohnehin schon finsteren Schluchten und schwarzgrauen Schieferplatten. Auf Serpentinen, über ungesicherte schmale Brüstungen, die in senkrechte, glatte Steinwände gefräst sind, und durch rauhe, zackige Felsentunnels winden wir uns langsam aus dem Kessel hinauf zum Red-Mountain-Paß.

Und hier auf dieser romantischen, aber steilen, gewundenen Straße zeigen unsere Harleys, was in ihnen steckt. Keine Steigung ist ihnen zu steil – sie stürmen geradezu hinauf. Ein leichtes Drehen am Gasgriff genügt schon.

Lixi kann es natürlich nicht lassen, in den Tunnels die Zündung zu unterbrechen. Ohrenbetäubende Explosionen sind die Folge, mit langanhaltenden, donnernden Echos, die aus den Tunnels wie eine Kette explodierender Bomben hinausspringen und von den hoch hinaufragenden Felshängen hin und her geworfen werden.

Die anderen – wenigen – Verkehrsteilnehmer, die uns entgegenkommen, hören die Knallerei natürlich auch, aber sie lachen und winken und johlen zurück. Offenbar stecken wir sie mit unserer Begeisterung an.

Der „Million Dollar Highway“

So bezwingen wir einen Paß nach dem anderen. Doch es sind immer noch 80 Kilometer bis Durango. Der weitläufige Forst will jetzt kein Ende nehmen. Wieder ein Paß: Coal Bank Hill (3245 m) – wieder die unübersehbaren Nadelwälder, die im Abendlicht immer unheimlicher werden. Letzte Sonnenstrahlen lassen plötzlich goldgelbe Arnika, violette Astern und rote Buschröschen aufglühen. Manchmal sind's auch nur Steine oder seltsam geformte silbrig glimmende Wurzeln. Und Berg taucht hinter Berg auf – immer neue Bergketten und waldbedeckte Hügel, dazwischen funkeln kleine Seen wie dunkelgrüne Edelsteine.

Erst bei Dunkelheit erreichen wir Durango, wo sich schon am Ortseingang Motel an Motel reiht. Und alle haben sie das bekannte rote „no" an – besetzt. Endlich finden wir ein (teures) Motel und bekommen ein großes Doppelzimmer mit Küche (ohne Geschirr) zugewiesen. Aber Küche ist immer gut, da können wir mal „zu Hause" essen.

Ilona und ich fahren zum Einkaufen. Da ich einen Riesenhunger habe, sind die Augen wieder größer als der Magen. Außerdem macht das Einkaufen in öden neongleißenden musikberieselten Supermärkten erst Spaß, wenn man so richtig ins volle greifen kann. Und so sieht dann auch das Abendessen (für 21 Dollar) aus, das wir in zwei riesigen braunen Papiertüten ins Hotel schleppen: 2 große Flaschen Tomatensaft, 4 Liter low-fat milk, 4 Packungen weißes und 2 Packungen graues Brot, 1/2 Kilo gesalzene Butter, 250 Gramm Mortadella, 250 Gramm Scheibenkäse (alles Vorspeise), 6 Riesensteaks, 2 frische Gurken, Gewürze, Salz, Ketchup (Hauptgericht), 1 kg Vanilleeis (im Sonderangebot), eine Packung Waffeln, 2 Dosen Erdnüsse, eine Dose Cashewkerne, je ein Kilo Bananen, Trauben und Williamsbirnen (als Nachspeise), dazu eine Gallone Cola und 4 Dosen Grape-(Trauben-)Soda (für die Nacht) sowie Nescafé, Zucker und Dosenmilch (für das Frühstück). Wir hätten doch besser zum McDonald gehen sollen – es schmeckt nicht besonders (bis auf das

Die Freßorgie wird vorbereitet

Eis), aber es gibt ein ungeheures Gelage. Den Rest des Abends verbringen wir mit Bauchschmerzen, die wir vergeblich mit Hilfe des Fernsehprogramms zu vergessen versuchen.

Die Stadt unter dem Felsendach

Wie ausgespreizte Finger liegen die Ausläufer der Rockys auf der weiten Fläche der großen amerikanischen Ebene – „the great american basin". Es sind die Mesas, und eine von ihnen ist die Mesa Verde. Wie ein überdimensionaler Burgturm ragt sie aus dem Grün hinter dem Holzhäuschen des gleichnamigen Nationalparkeinganges auf. Beim Hinauffahren sehen wir schon die unten im Sonnenglanz schimmernden Weiten Utahs und Arizonas. Aber oben auf den Tafelbergen – gewissermaßen auf dem Handrücken – ist es flach. Der sandige, karstige Boden und die lockeren Felsbänder sind mit ruppigen Kiefern und dornigem Wacholdergestrüpp dicht bewachsen.

In dieser gottverlassenen Gegend ritten die beiden Cowboys Richard Wetherill und Charly Mason ziemlich mißmutig durchs verschneite Unterholz und suchten nach einem verlorengegangenen Rind. Sie wußten, daß es hier viele Steilabbrüche gab, die einer erschreckten Kuh zum Verhängnis werden konnten. Es gab weder Wege noch Karten und im weiten Umkreis auch keine menschliche Siedlung. Man schrieb den 18. Dezember 1888.

Plötzlich ein tiefer, senkrechter Abgrund. Vorsichtig gehen die beiden bis zum Rand des freistehenden Felsens und blicken in die bewaldete Schlucht tief unter ihnen. Was sie sehen, läßt ihnen das Blut in den Adern erstarren: eine Stadt mit trutzigen Mauern und Türmen, mit kunstvoll ineinandergebauten Häusern mit dunklen rechteckigen Fensterhöhlen blickt aus dem Halbdämmer einer gewaltigen Höhle zu ihnen herauf – so unwirklich, daß sie sich immer wieder die Augen reiben, doch die unheimliche, fremdartige Erscheinung unter dem enormen Felsendach ist keine Fata Morgana, sondern wirklich. Aber kein Mensch ist zu sehen, ein tödliches Schweigen lastet auf den verstaubten Mauern, obwohl überall Krüge und Töpfe herumstehen. Und kein Weg führt die senkrechte, überhängende Felswand hinab. Die unscheinbaren, morschen Äste, die wie zufällig in den Felsspalten stecken, übersehen die beiden. Sie hatten, ohne es zu wissen, die amerikanische Vorgeschichte entdeckt. Heute, 91 Jahre später, stehen wir etwa an derselben Stelle. Zwar ist ein großer Parkplatz am oberen Rand der Mesa angelegt, und der freistehende Felsen ist mit einer Mauer abgesichert, aber das Erschrecken über die unvermittelt aus der Tiefe herauf leuchtende Stadt ist auch bei uns gleich heftig – der Anblick der Felsenfestung ist atemberaubend. Und noch immer bewahrt sie – der man heute den Namen „Cliff Palace“ gegeben hat – ihr eigentliches Geheimnis. Niemand hat bis jetzt herausgefunden, warum ihre Einwohner sie vor rund 600 Jahren Hals über Kopf verlassen haben.

Ein bißchen mulmig ist uns schon zumute, als wir die steile Holzleiter hinunterklettern und in die gespenstischen Ruinen und durch die leeren Fensterhöhlen spähen. Kühle, dämmrige Innenräume wie Kellerkerker, runde Löcher im Lehmboden, muffiger Geruch nach trockener Erde und altem Mörtel. Wozu dienten die runden Türme, deren winzige quadratische Öffnungen Schießscharten ähneln, was hatten die kaum sichtbaren Nischen zu bedeuten, die wie Schwalbennester in eine schmale Felsritze unter der Decke der Höhle hineingemauert worden sind? Wir spüren fast körperlich eine seltsame Verschlossenheit und Unnahbarkeit, die auf diesem Ort des Schweigens lastet. Trotz der vielen Hinweisschilder und Seilführungen, die den Strom der schwatzenden und fotografierenden Besucher bis in das Innerste dieser rätselhaften Anlage lenken, ist dieses verschachtelte Bauwerk von einer unsichtbaren Barriere umgeben und entzieht sich damit jeder greifbaren Realität.

Wir klettern wieder aus der Tiefe der Vorzeit am senkrechten Leiterchen schön hintereinander nach oben in die amerikanische Jetztzeit mit Parking Lots, Recreation Area und Full Service. Beim Visitor Center ist es besonders kraß. Der unvermeidliche Kitsch treibt wilde Blüten und wird mit schrillen Ausrufen des Entzückens ziemlich wahllos gekauft.

Die ausgedehnte Motelanlage mit dem an allen Ecken und Enden gepriesenen Fernblick ist natürlich wieder „closed for winter-season", auch wenn man erst Mitte September schreibt und die Tagestemperaturen bei 40 Grad im Schatten liegen. Aber wir wollen hier ja sowieso nicht bleiben. Wir schlängeln uns den langen Weg wieder hinaus aus dem weitläufigen Mesa-Verde-Territorium. Vor uns liegt eine heiße, lange Tagesfahrt und das Erlebnis der großen Wüstengebiete. Wir kommen uns ein wenig wie jene Siedler vor, die auf ihrem großen Treck nach Westen nach der beschwerlichen Durchquerung der rauhen Rockys endlich an den letzten Abhängen standen, die Hand über die sonnenverbrannten Augen hielten und hinuntersahen in die in allen Farben flimmernde Ferne: „Leute, wir haben es geschafft – jetzt geht es nur noch geradeaus ins gelobte Land!"

So wie sie dachten auch wir, und so wie sie ahnten auch wir nicht, was uns bevorstand.

Faszination der Wüste

Das Eingangstor zur Wüste ist Cortez, ein Städtchen mit modernen Restaurants, flachen Supermärkten und Autowerkstätten, dazwischen aber, schon Frontiersgeist zeigend, rohe Holzhäuser. Die Stromverdrahtungen sind kreuz und quer über Plätze und durch Straßen und Häuserblocks gezogen, dazwischen stehen schiefe Masten, Reklametafeln wie vor hundert Jahren, nur neu gestrichen. Über allem die grelle Sonne, die alle Farben aufsaugt, und überall in den Ecken und Rinnsteinen schon der feine, sandige Staub, der die wahren Verhältnisse der vor uns liegenden Strecke ahnen läßt. Noch einmal volltanken, ein Schluck kalte Milch, und wir verlassen Cortez auf der US 160/666 in Richtung Süden.

Fast schlagartig gelten völlig andere Maßstäbe – die plötzliche Leere und Weite erschreckt mich, und alle Gefühle und Gedanken werden von den neuen Eindrücken beherrscht. Wenn man von der Geborgenheit der Rocky Mountains in die grenzenlose graugelbe Ebene hinausfährt, ist man plötzlich allein, nichts ist mehr da, nur noch Himmel und steinige Erde. Das Auge zieht sich schmerzhaft in der blendenden Lichtfülle zusammen, das Herz bebt beim unbarmherzigen Anblick dieser steingewordenen Schlange, die etwas Bedrohliches ausstrahlt und nichts mehr mit

In der Wüste wird die Straße zur bedrohlichen Schlange

dem melodienreichen Asphaltband zu tun hat, dem wir wie Sirenenklängen so hoffnungsvoll gefolgt sind. Wäre nicht der massige Lenker, an dem ich mich verzweifelt festhalte, diese treue Maschine mit dem braven, zuverlässigen Motor, der mich sicher vorwärts trägt, ich würde keinen Augenblick, keinen Meter mehr dieser betrügerischen Schlange folgen, die mich wegführt aus überschaubarer Sicherheit in eine andere Dimension des Motorradfahrens. Der Spruch fällt mir wieder ein, den ich auf der Wand eines verlassenen Cafés in Texas einmal hingekritzelt gesehen habe: „desert is truth" – die Wüste ist Wahrheit. Wer immer sie mit offenen Sinnen zum erstenmal erlebt hat, muß den einsamen Augenblick der Selbstfindung durchleiden.

Während wir in gleichmäßigen Abständen dahinrollen, versuche ich die Eindrücke zu ordnen. Da ist zunächst dieser unbekannte Geruch, der an frisch gelöschten Kalk erinnert. Es fehlt fast alles Grün, wenn man von einigen dornigen, strohigen Zweigen und einzelnen vertrockneten Buchweizenhalmen absieht – oder genauer: es fehlt die Erde. Auf unfruchtbarem Sandschotter und brüchigem Gestein wächst nichts. Wasser ist wohl nur im Ausnahmefall da. Wenn es regnet (und es sieht schon wieder danach aus), werden die Flüsse – die jetzt ausgetrocknete „Creeks" oder „washes" sind – zu tosenden Schlammfluten, die alles mitreißen, was sich ihnen in den Weg stellt, und jedesmal chaotisches Neuland hinterlassen. Die Technik kann hier auch ungehindert Besitz ergreifen – die spinnenartigen Überlandmasten zerstören keine Wiesen, stehen nicht in abgeholzten Waldschneisen und verunstalten keine Kulturlandschaft. Und doch ist dieses Land schön – schön in seiner Offenheit, seiner Ehrlichkeit und seiner kompromißlosen Klarheit.

Dabei ist die Wüste absolut nicht so, wie wir sie uns vorgestellt haben. Der Highway 160 verläuft durchaus nicht immer geradeaus, sondern kurvt in flache Täler und über kahle Höhenrücken, statt Sanddünen nur steiniges Geröll, aufgetürmte, querschichtige Felsklippen, und von Hitze kann man kaum sprechen. Ein kalter Wind bläst uns Dreck und Staub zwischen die Zähne. Die Sonne ist auch längst hinter bedrohlichen Wolkenwänden verschwunden, die dunkle Regenvorhänge über rotbraune Bergplatten schleifen. Das farbenprächtige Naturtheater gibt dem weiten Landstrich, der ansonsten öde und langweilig erscheinen mag, einen dramatischen, fast hektischen Anstrich. Die zuckenden Gewitterblitze in den finsteren Wetterküchen kommen unerwartet schnell auf uns zu, hart zupackende Sturmböen lassen Schlimmes ahnen. Bald scheint es, als ob die ganze Himmel-Erde-Szenerie in Aufruhr ist; mal tobt hier ein Gewitter, mal prasselt dort ein Wasserfall herunter, dazwischen leuchten immer wieder helle Stellen von rasch wandernden Sonnenstrahlen auf, die sich in ständig wechselnden Farben ihren Weg durch die aufschießenden Wolkentürme suchen.

Wir haben das Gefühl, diesen Naturgewalten hilflos ausgeliefert zu sein, zumal weder Verkehr noch irgendwelche Ansiedlungen menschliche Nähe signalisieren. Ja, es scheint uns, als würden wir von diesem Land persönlich angegriffen, und es packt mich eine Art ängstliche, erwartungsvolle Spannung.

Plötzlich teilt sich die Straße – die US 666 führt geradeaus, wo in der Ferne schon seit langem die Spitze des Shiprock aufragt, die US 160 biegt nach Westen ab.

Auf der US 160 liegt, etwas abseits von der Straße, das „four corners“-Denkmal, die einzige Stelle in ganz Amerika, wo vier Staaten zusammenstoßen: Colorado mit seinem südwestlichsten, Utah mit seinem südöstlichsten, New Mexico mit seinem nordwestlichsten und Arizona mit seinem nordöstlichsten Zipfel. In der Mitte einer gemauerten Mosaikplatte hat man einen Messingnagel in den Boden getrieben und ein Kreuz hineingeschlagen. Nirgends kann man die politische Vergewaltigung eines Landes besser verstehen als hier, wo eine willkürliche Grenze, mit dem Lineal gezogen und am Schreibtisch erdacht, mitten durchs Gelände führt. Wer auf diesem abgewetzten staatspolitischen Sargnagel steht, befindet sich gewissermaßen gleichzeitig in allen vier US-Staaten – ein Jurist würde, falls hier ein Mord geschähe, ihn wahrscheinlich einen „formaljuristischen Alptraum“ nennen.

„Da kannste mal sehen, was Grenzen für 'n Blödsinn sind!“ murmelt Jürgen. Und doch sind sie da und werden durch das Fadenkreuz auf der weiten Ebene demonstriert. Keine Angst – wir verstehen die sinnigen Kernsprüche schon, die in die staatlichen Hoheitsecken hineingeschrieben sind, wie Frieden, Freiheit, Einheit und so; die Worte sind ja in allen Ländern der Welt die gleichen. Vielleicht sind die Begriffe hier etwas anders zu verstehen, da genügt ein Blick in die Runde, wo malerische Navajo-Indianer im Kreise sitzen und geduldig auf Käufer für ihre schönen Schmuckarbeiten warten. In jedem Staat so vier bis fünf Wohnmobile, Lastwagen und Verkaufstische. New Mexico ist ein bißchen zu kurz gekommen, denn hier ist die Zufahrt und der Besucher-Parkplatz.

Nach dieser vermessungstechnischen Glanzleistung wieder nur

eintöniges Geradeaus oder das Auf und Ab der wechselnden Bergzüge, mal flach, mal steil abfallend. Ebene hinter Ebene, unterbrochen von stets neuen Sand-, Stein- und Geröllhalden, in der Ferne ragen dazwischen einzelne Felszinnen auf.

Das Wetter hat sich immer noch nicht beruhigt, hat aber mehr die linke Seite unserer Fahrtrichtung als Angriffsfront ausgesucht. Von den Indianern, die hier wohnen sollen, sehen wir wenig. Da sein müssen sie, denn so steht es auf der Karte: „Indian Reservation", was ein wenig nach Zoo oder Tiergehege klingt.

Ein paar fröhliche Kinder werden von einem gelben Schulbus ausgespuckt und machen sich auf den Weg nach einem abgelegenen Zuhause, eine vermummte Gestalt kauert neben drei schwarzen zotteligen Rindern (was fressen die eigentlich?), und zwei Bauarbeiter in verschwitzten Overalls winken uns lachend zu. Na ja – Menschen wie überall eben, keine Spur von Tipis, Marterpfählen und Stammestänzen, wie wir es auf unzähligen Postkarten immer wieder in herrlichstem Kodakcolor bestaunt haben. Dafür in Teec Nos Pos weißgekalkte Wellblechhütten und eine Tankstelle, die von Autowracks und sonstigem Schrott umkränzt ist, und in Mexican Water das übliche Restaurant mit eingebauter Souvenir- und Kunsthandwerksecke, dem „Indian Trade Center" – was immer man darunter auch verstehen mag.

Im Indianer-Reservat

Dann sind es nochmals 65 Kilometer bis Kayenta. Linker Hand im Süden baut sich eine Gewitterfront nach der andern auf. Rechter Hand schwimmen nur flache, milchige Dunststreifen im strahlend blauen Himmel. Unter ihnen rotes Land mit blauen Türmchen und Zinnen, die man hier Monumente nennt und mit charakteristischen Namen versehen hat.

Werden wir wieder einmal in den Regen kommen?

Jetzt führt auch die Straße schnurgeradeaus, als wollte sie wiedergutmachen, was sie uns alles an Umwegen beschert hat, aber genau an ihrem Endpunkt erwartet uns eine dunkle Wolkenwand. Wir schließen Wetten ab, ob wir noch mal gründlich gewaschen werden ...

Wir werden nicht – die Wand bleibt etwa 500 Meter seitlich stehen. Um vier Uhr nachmittags sind wir an der Abzweigung der US 163, jener berühmten Wüstenstraße, die nach Utah und zum Monument Valley führt.

Wer nicht weiß, wo das Monument Valley liegt, wird es kaum finden. Kein Wegweiser, keine Postkarte, kein Plakat, kein Hinweis in den zahlreichen Prospekten über das schöne Cañon-Land Utahs oder Arizonas deutet an, wo dieses grandiose Felsental liegt, das eines der berühmtesten Naturwunder Amerikas ist und in der ganzen Welt als stets wiederkehrende Kulisse für Westernfilme und Reklamefotos Verwendung findet.

Ein Grund dafür mag sein, daß gerade dieses Gebiet Stammesland der Navajos ist, die sich hier in dem landschaftlich zwar schönen, aber sonst unfruchtbaren Reservat ihre Autonomie ertrotzt haben. Sie haben es anscheinend nicht gern, daß man in ihr „ärmliches" Wohnzimmer hineinsieht. Zahlreiche Gebots- und Verbotstafeln weisen darauf hin, das reicht vom Fotografierverbot für gewerbliche Zwecke (nur mit Genehmigung einer speziellen Stammes-Kommission) bis zum Verbot, Steine zu sammeln (gemeint sind natürlich Edelsteine). Im übrigen scheint die Abneigung, was Besucher betrifft, durchaus gegenseitig zu sein – kaum einer der vielen (weißen) Amerikaner, die wir nach diesem Landstrich fragten, machte dabei ein glückliches Gesicht, und gesehen hatte es natürlich keiner. „Indianerland" hieß es dann meist, mit einem Unterton von „da geht man nicht hin."

Immerhin – in Kayenta entdecken wir ganz zufällig das Monument Valley. Von der stundenlangen Fahrt ermüdet, beschließen wir, in dem verschlafenen Nest, das im wesentlichen aus zwei Tankstellen, ein paar weit verstreuten Häusern und Hütten und einem pompösen Holiday-Inn-Komplex besteht, eine Pause einzulegen, und gehen in ein kleines Café. An der Wand hängt eine grob gezeichnete Panorama-Karte, die uns sofort elektrisiert.

Na sicher, das sind sie doch, die Türme und Klippen, Tafelberge und steinernen Finger, die uns von Bildern und Filmen so vertraut sind! Nur 50 Kilometer entfernt – wir sind ganz aufgeregt. Hastig brechen wir auf. Die Indianerin hinter der Theke blickt uns mit verständnislosem Gesicht nach.

Schon die Anfahrt entschädigt uns voll für alle bisher erlittene Ungemach. Beim Agathia-Paß haben wir das Gefühl, erwartet zu werden. Hoch aufragend empfängt uns der „church-rock", ein spitztürmiger, massiger Riesendom, und genau gegenüber lächelt geheimnisvoll der „Owl-rock" – der Eulenfelsen – aus seinen weit aufgerissenen toten Augen herab. Noch ein paar flach abschwingende Kurven zwischen gewaltigen senkrechten Felsenwänden,

Monument Valley – Schauplatz zahlreicher Westernfilme

Ein moderner „Westernheld"

dann tauchen in der Ferne wie eine Fata Morgana die blauen, scharfkantigen Silhouetten des Monument Valley auf: eine gigantische versteinerte Stadt mit massiven Türmen, Kirchen, klotzigen Wolkenkratzern und zarten Minaretten.

Am unvermeidlichen Visitor-Center, das mehr einer festungsartigen Grenzkontrollsperre ähnelt und von uniformierten Parkwächtern besetzt ist, bekommen wir endlich die langersehnten Prospekte und Postkarten. Personalien und Kennzeichen werden registriert. Da stoßen die Navajos durchaus auf unser Verständnis – ihr Mißtrauen dem weißen Mann gegenüber ehrt sie. Nur kommt es ein wenig zu spät. Immerhin haben die Indianer von ihren weißen Geschäftsfreunden etwas gelernt: schöne Natur kann man auch in Amerika gut verkaufen – selbst wenn es gewisse Interessenkonflikte hervorruft.

Aber die Armut der Navajos wird sich auch durch die Parkgebühren nicht ändern. Der Eintritt zu den schon greifbar nahen Sandsteindomen ist bescheiden. Wir zahlen also brav unsere zwei Dollar pro Person und werden gnädig als geduldete Bleichgesichter ins urweltliche Indianerland entlassen. Bis Sonnenuntergang haben wir wieder draußen zu sein – check in, check out –, so will es der Häuptlingsrat. Und bitte die Wege nicht verlassen!

An der Mauerbrüstung hoch auf der Mitchell-Mesa bleiben wir erst mal stehen, um den unvergeßlichen Eindruck voll auszukosten. Da ist es also, das weitläufige, zerklüftete, ausgewaschene und abgesunkene Tal mit seinen Tafelbergen, den roten Turmstümpfen und schmalen Felsenfingern, die so aussehen, als wären sie aus den verstreuten Schuttkegeln herausgewachsen. Der Eindruck der Unwirklichkeit wird noch durch das eigenartige Licht verstärkt, das über dieser Szenerie liegt. Eine gleichmäßig dicht über die flachen Mesa-Plateaus ziehende Wolkendecke erweckt den Anschein, als befänden wir uns unter einem wellenbewegten Wasserspiegel, und man glaubt sich auf dem Grund eines glasklaren Ozeans. Sonnenstrahlen fingern durch diese bewegte Ober-

Wie Monumente aus vorgeschichtlicher Zeit stehen die Felsstümpfe in der Landschaft

fläche und verwandeln urplötzlich die drohenden schwarzen Felsentürme in grell orangerot aufleuchtende scharfkantige Festungen und Kathedralen, um sie gleich wieder in der Dunkelheit eines abgründigen Schattenreiches versinken zu lassen – ein Lichtzauber der typisch für das Monument Valley ist und dessen fremdartiger Stimmung man sich nicht entziehen kann.

Auf Indianerpfaden

Dann fahren wir hinunter in die Gott sei Dank noch unberührte Wildnis auf einem staubigen, steinigen Weg, den man getrost noch als guten alten Indianerpfad bezeichnen kann und der höchstens ein stotterndes Schritt-Tempo erlaubt. Das geht schnell in die Armmuskeln. Wir balancieren unsere überladenen zentnerschweren Stahlungetüme mit aller Anstrengung, vorsichtigem

Bremsen und Gasgeben, die Hand ständig am Kupplungshebel, über die Steinbrocken und durch die Schlaglöcher, den untertourten Motor immer kurz vor dem Abwürgen. Schon nach kurzer Zeit klagen Jürgen und Lixi über starke Sehnenschmerzen am linken Handgelenk. Rote Staubwolken begleiten uns. Für unsere Harleys eine höllische Strecke. Alle naselang schlagen die Federbeine krachend durch. So rumpeln, hopsen und schleudern wir also – immer zwischen Fluchen und heller Begeisterung – den grandiosen Indian-Trail entlang.

War vorher schon kaum Verkehr – hier begegnet uns überhaupt niemand mehr. Aber ganz alleine sind wir auch nicht, zwei zutrauliche Indianerhunde begleiten uns unverdrossen, und wenn wir irgendwo kurz anhalten, springen sie uns schwanzwedelnd an und wollen, daß wir sie kraulen und ihr samtweiches Fell streicheln. Mit den Zeichen höchster Wonne lecken sie uns dafür ab.

Eine Stunde brauchen wir für die fünf Kilometer bis zum „Malerwinkel", aber der Rundblick belohnt uns reichlich. Inzwi-

Die Hunde scheinen hier die einzigen Lebewesen zu sein

schen ist es sechs Uhr geworden, und die Sonne steht schon beängstigend tief. Die flapsigen Hunde sind immer noch da und wollen spielen und liebkost werden.

„Der Indianerhäuptling wird uns zum Abendessen braten, wenn wir bei Dunkelheit noch hier sind!“ warne ich.

Jürgen äfft mich grinsend nach. „Habt ihr den Anschlag am Eingang nicht gelesen, wo man den Nachzüglern mit Marterpfahl und Skalpieren droht?“

Wir müssen uns auf den Rückweg machen. Es ist ein traumhafter Ritt durch versunkenes Ruinenland, in dem die untergehende Sonne ihr Spiel mit den blauen Schatten und den rotglühenden Sandsteinmauern treibt. Wir fahren weit auseinandergezogen, lange Staubfahnen hinter uns herziehend, die in der schweren Luft lange stehenbleiben – jeder in Gedanken verloren, den unwiederbringlichen Augenblick voll auskostend.

Im tiefen, weichen rostbraunen Sand halte ich abseits des Weges auf einer kleinen Erhöhung an, um die bizarre Schönheit zu genießen: links die „three sisters“ – drei grotesk verdrehte Steinsäulen, die als tiefschwarze Silhouetten vor der goldfarbenen Dunstkante des Abendhimmels stehen –, dahinter, daneben, je nach Entfernung fein in Blau- und Violett-Töne abgestuft, die in ihre breitkrausigen Schuttkegel senkrecht abfallenden Wände der Tafelberge. Indianerland. Das Hochgefühl, wirklich hier zu sein, überwältigt mich völlig, und ich nehme all die alarmierenden Vorzeichen nicht mehr wahr, die Gefahr signalisieren und für die ich sonst ein feines Gespür entwickelt habe. Seit fast zehn Stunden ununterbrochen unterwegs, kaum was im Magen und ständig unter höchster körperlicher und geistiger Anspannung stehend, sind wir alle nervlich total überreizt und auch physisch völlig am Ende. In euphorischer Stimmung will ich gerade meine schwerbeladene Maschine, auf der ich so genüßlich sitze, mit der ganzen gewaltigen Durchzugskraft des Motors aus dem Sand manövrieren und schlage dabei den Lenker zu stark ein. Bevor ich den Fehler erkennen und korrigieren kann, kippt das Zehn-Zentner-Ungetüm mit mir zusammen langsam, aber unerbittlich um. Eingezwängt zwischen Tankrucksack und hochgepacktem Zelt im Rücken, habe ich nicht die kleinste Chance, noch vorher abzusteigen, und ehe ich überhaupt etwas begreife, liege ich in grotesker Verrenkung unter dem tobenden Monstrum, das mit immer stärkerem Druck die scharfkantige Fußraste genau auf mein Schienbein preßt und es jeden Augenblick zu brechen droht. Der Schmerz treibt mir das Wasser in die Augen, ich kann nicht mal mehr eine Hand rühren.

Brutal drückt mich der heiße Eisenhaufen in den Sand, der mir sofort in den Mund dringt, als ich noch „schnell, schnell" zu rufen versuche. Der Schock und das „Jetzt-ist-alles-aus"-Gefühl macht mich fast verrückt, und ich sehe verzweifelt zu, wie Jürgen in quälendem Zeitlupentempo durch das rote Mehl pflügt, den Seitenständer herausschnappen läßt, seine Maschine abkippt, runtersteigt und zu mir herüberschwebt. Er schaltet den immer noch rüttelnden Motor ab und wuchtet die FXE von meinem Schienbein weg – mein Gott, tut das gut, wenn der Schmerz nachläßt!

Ich zittere am ganzen Körper, aber das Bein ist o.k. Inzwischen sind Lixi und Ilona auch da und verfallen sofort in die übliche weibliche Fürsorge-Panik mit Rettungsdienst, Krankenhaus und so weiter. (Leuchtspur-Raketen wären angebracht – vielleicht kann auch der Medizinmann helfen . . .)

Ich reiße mich zusammen, und wir fahren alle vorsichtig aus dem schönen Monument Valley hinaus und die zehn Kilometer hinüber zum COA-Campground, der am Hang eines zerklüfteten Hochtales mit steinigem, harten Boden auf die Camper wartet, wo ein paar frisch gesetzte Pappeln trotz der überall aus dem Boden ragenden Wasserhähne kurz vor dem Verdorren sind.

Restaurant ist keines da, macht nichts – mir ist sowieso speiübel, und die anderen versorgen sich mit Obst und kalter Milch. Mein Bein tut weh, bekommt einen schönen blau-violett-gelben

Fleck, schwillt aber nicht an. Am besten, ich ignoriere es und verkrieche mich bald in meinen Schlafsack. Es wird eine böse Nacht. Von wilden Fieberträumen geschüttelt, entwickelt sich jedes Geräusch zum Angstmacher.

Tanzen da nicht irgendwo Indianer mit wilden Kriegsgesängen um ein loderndes Lagerfeuer, oder ist das nur fernes Coyotengeheul? Sind das schon die lauernden Angriffe lautlos wippender Riesenspinnen, hoch aufgerichteter Klapperschlangen und langsam herankriechender Skorpione – oder ist es nur das Rascheln der dürren Pappelblätter im lauen Nachtwind? Hecheln da nicht ständig glutäugige, geifernde Höllenhunde und bedrohen mein stark gefährdetes Wigwam? Oder sind das nur die verlausten Köter, die die ganze Nacht über in den Abfallhaufen wühlen? Ist das noch der herbe Kalkgeruch der Wüste – sind das nur die betäubenden Düfte des wilden Salbeis, oder hüllt mich schon der beißende Rauch eines heranrasenden Steppenbrandes ein? Immer wieder fahre ich schweißgebadet mit einem Schrei aus meinen bösen Phantasien hoch. Und doch – wer möchte sie schon missen, so eine fremdartige Nacht unter offenem Sternenhimmel?

Am nächsten Morgen, der mit gleißenden Sonnenstrahlen über die roten Felsen hereinfällt, können wir uns Zeit lassen. Unser nächstes Tagesziel, der Grand Canyon, ist nur etwa 300 Kilometer entfernt. Der staubig-steinige Campground ist jedoch schon früh voller Betriebsamkeit. Pyjama-Gestalten eilen mit Waschbeutel und Handtuch zur Gemeinschaftstoilette, in der es ständig gurgelt, prustet und rauscht. Morgenrockumwallte Ladys mit pinkfarbenen Tüll-Tüten auf dem haarwickelbestückten Kopf holen vom Office, das schon um 6 Uhr aufmacht, tiefgekühlte wochenalte, übersüße, klebrige Doughnuts zum Frühstück. Nur die nachts so muntere Hundemeute schläft friedlich im Schatten einer umgeworfenen Mülltonne. Gleich neben dem Camp zielt ein nackter Indio-Junge mit vollem Strahl aus der Tür seiner Lehmhütte.

10 7292-14

Neben uns sortieren vier Deutsche (Studenten auf Weltreise) ihre zu Bergen getürmte Ausrüstung mit lässigen Sprüchen auf dem Campsite-Tisch, und wir sehen staunend, was die so alles dabeihaben. Da fehlt nichts, vom Hauszelt (mit Vordach und Pergola) bis zum batteriegetriebenen Ventilator. Der betagte Achtzylinder-Mercury, für den sie angeblich nur 300 Dollar hingelegt haben, geht beim Beladen sichtlich in die Knie. Sie sind schon seit vier Wochen „in den Staaten", haben alles gesehen, wissen alles und teilen großzügig (und ungefragt) gute Ratschläge aus, wo und wie man sich am schlauesten „durchschlägt".

Wir verschließen unsere Ohren, trinken unsere Milch und versorgen und ölen in der wärmenden Sonne verdrießlich unsere Harleys, die völlig mit rotem Staub überzogen sind. Das Monument Valley ist uns gründlich verdorben.

Um 11 Uhr brechen wir auf. Zurück nach Kayenta, Mittagessen im Indianer-Café, Post aufgeben. Dann weiter auf der US 160 West über den Marsh-Paß, der als solcher zwar nicht erkennbar ist, uns aber dank seiner Höhe von 2050 Meter trotz brennender Sonne merkliche Kühle beschert. Lederjacke, Pulli und der um den Mund gebundene Schal sind unerläßlich. Es zieht! Ansonsten – eine herrliche, ungetrübte Wüstenfahrt, farbenfroh, abwechslungsreich und fast ohne Verkehr.

Um drei Uhr sind wir in Tuba City. Was uns dort gleich ins Auge fällt, ist ein moderner Flachbau, der mit riesigen Lettern kundtut, daß hier das Indianer-Navajo-Einkaufs- und -Handelszentrum ist. Drinnen sieht es eher aus wie bei Tiffany in New York – weit und breit kein einziger Indianer (außer auf dekorativen Fotos), und die Preise sind auch wie bei Tiffany. Ein Silberschmuck-Collier (meist mit geschliffenen Türkisen) kostet zwischen 1500 und 2500 Dollar. Alles ist schön steril auf Samt unter Panzerglas gelegt. Eine vornehme, in dezenter Luxusmode gekleidete Dame teilt uns geflissentlich mit, daß sie bei ganz teuren Objekten (und Barzahlung) schon noch mit sich reden ließe. Die

Schmuckstücke sind von erlesener Schönheit und höchster Qualität. Natürlich fehlen auch die geschmackvollen Töpferarbeiten und die prachtvollen ornamentalen Webarbeiten nicht. Das Trade Center könnte genausogut ein Indianer-Kulturmuseum sein. Nur durch ein Hanfseil getrennt, der übliche Supermarket. Dort gibt's etwa dasselbe in Plastik zu Billigstpreisen. Made in Formosa.

Blick auf den Grand Canyon

Tuba City liegt am Hang einer weitläufigen Senke, der „painted desert", deren rote, braune, weiße und gelbe Farbschichten von der US 160 weithin einsehbar durchschnitten werden, bis sie nach etwa 20 Kilometern auf die quer laufende Nord-Süd-Verbindung der US 89 stößt, die von Page (an der Grenze nach Utah) nach Flagstaff (Arizona) führt. Hier stehen eigenartige Schutthügel wie Zipfelmützen im Sand, und Verwitterungsprozesse schneiden die Kegel und Mesas in Scheiben wie eine zerbröckelte Torte. Es ist drückend heiß, und der autobahnähnliche Highway läuft durch eine völlig vegetationslose Wüste. Am Horizont schimmern blaue Bergketten, zwischen denen der Colorado im Grand Canyon liegen muß.

Überall verkaufen die Navajos Schmuck. Nur wenige Meter neben der Straße haben sie einen Tisch oder ein primitiv zusammengenageltes Holzgestell in den glühendheißen Sand gestellt, einen Sonnenschirm darüber aufgespannt (meist mit Coca Cola-Reklame) und ihre Silberbasteleien auf einem Samttuch ausgebreitet. „Beads for Sale" – Perlenketten zu verkaufen! Die Kühlbox mit dem Sixpackbeer immer in Griffweite. Aber die Qualität des Angebots ist mäßig, die Gestaltung primitiv, der Preis viel zu hoch. Türkise mit Silberdraht umwurstelt machen eben noch keinen echten Indianerschmuck.

Plötzlich ist der Highway durch eine tankstellenähnliche Sperre unterbrochen. „Alle Fahrzeuge stop und zur Inspektion bereithalten!" besagt ein Riesenschild. Nanu – was gibt es denn hier mitten in der Wüste zu inspizieren? Rauschgift, Waffen, gestohlene Wagen? Wir fingern schon nach unseren Papieren. Aber bevor wir das Rätsel lösen können, winkt uns eine uniformierte Beamtin durch. Die Frage, ob wir landwirtschaftliche Erzeugnisse dabeihaben, entlockt uns nur verständnisloses Kopfschütteln. Später erfahren wir, daß die Kontrollstation früher dafür zu sorgen hatte, daß keine biologischen Schädlinge oder Seuchen in die Indianer-Reservation eingeschleppt wurden, was inzwischen durch neue Bundesgesetze gegenstandslos wurde. Aber irgendwie müsse man ja die (unkündbaren) Beamten weiter beschäftigen.

Gleich dahinter: Cameron und die Abzweigung zum 35 Kilometer entfernten Grand-Canyon-Südrand, die US 64.

Um halb fünf passieren wir mit zwei Dollar für ein Kurzzeit-Ticket die Einfahrtskontrolle zum Kaibab-Nationalpark und bekommen Prospekte in (fehlerhaftem) Deutsch überreicht.

„Have a nice time!"

Mitten im schütteren Pinienwald bleibt meine Harley mit einem gewaltigen Ruck stehen. Der Motor ist abgewürgt, hinten qualmt und stinkt es. Die Rückbremse hat sich festgefressen. Darum ließ sich der Fußbremshebel die ganze Zeit kaum treten – ich hätte es eigentlich wissen müssen! Es stellt sich heraus, daß die Halterung der rechten, durch die vielen Kameras zu schweren Packtaschen gebrochen ist und diese voll auf den Bremssattel drückte. Dieser schleifte dadurch ständig an der Bremsscheibe, heizte sich dabei auf, und so war's dann passiert. Ich löse die Nachstellmuttern des Gestänges, bis das Bremspedal ganz durchfällt und warte, daß die glühende Scheibe abkühlt und der Zangengriff ums Hinterrad sich lockert. Nach einer halben Stunde ist es soweit, und es kann weitergehen – ohne Hinterbremse. Plötzlich stehen

Der Grand Canyon bietet einen überwältigenden Anblick

wir vor einem Abgrund. Nach einem niedrigen Mäuerchen tut sich in atemberaubender Schönheit das auf, was man vielleicht als ein negatives Bergmassiv bezeichnen kann. Stufen um Stufen, Steilabbrüche und Schutthänge, Plateaus und viele hundert Meter tiefe, senkrechte Wände – übereinander, aufeinander, nebeneinander, hintereinander – Schluchten und Nebenschluchten, Zacken, Türme, Zinnen, Mauern in unbeschreiblicher Farbenpracht und unübersehbarer Vielfalt liegen zu unseren Füßen. Ganz unten glitzert ein harmloses Bächlein herauf, der Colorado River: 1600 Meter tief. Ein schwer klingender Orgelton liegt in der Luft, den der Cañon mit tausendfachem Echo bis zur Unerträglichkeit verstärkt. Wir bleiben lange stumm und können uns nur schwer losreißen. Am liebsten würden wir sitzenbleiben und unverwandt in die Tiefe schauen.

„Kommt, Kinder, laßt uns erst zum Campground fahren und noch einkaufen – das Schönste hier ist der Sonnenuntergang und die einfallende Nacht, das wollen wir in Ruhe genießen!" mahne ich dann schließlich.

Nach 35 Kilometer Parkstraße, die immer wieder von Aussichtspunkten unterbrochen wird, sind wir endlich in Grand Canyon Village, einer Ansammlung von Motels, Verwaltungs- und Servicestationen, Museen, Tankstellen, Einkaufs-Center, Restaurants, Campgrounds und anderen „facilities". Hier hat der organisierte Massentourismus voll zugeschlagen, zum Glück ist alles nur auf ein kleines Gebiet begrenzt. Es ist von dichtem Kiefern- und Pinienwald umschlossen, in dem man ganz verwirrt hin und her fährt, bis man trotz Lageplan am Schluß überhaupt nicht mehr weiß, wo man gerade ist. Aber dank guter Beschilderung finden wir doch bald den „Mather-Campground". Hinter dem Gate ein riesiges, lichtes Waldgelände mit verschlungenen Einbahnwegen, jedes „campsite" so groß wie woanders ein ganzer Trailer-Park. Und wenn überall ringsum wegen der extrem hohen Waldbrandgefahr das Zündeln strengstens verboten ist, hier hat jeder Platz mitten unter knackdürren Kiefern seine Feuerstelle. Bänke, Tische, ein Grillofen und Stromanschluß ergänzen die Idylle.

Ilona und ich holen im gut sortierten Einkaufs-Center gleich um die Ecke vier gewaltige Steak-Fladen, Holzkohle und Getränke, Lixi und Jürgen bauen das Lager auf. Viel Zeit haben wir nicht mehr, denn die dunkelrote Sonne ist schon fast auf die blauen Klippen gesunken, und ein bißchen abgehetzt erscheinen wir am Ort des täglichen „Sunset"-Schauspiels, einer der vielen hoch über dem Cañon schwebenden Felsklippen, auf der schon zwei eng umschlungene Liebespaare der blauen Stunde entgegenträumen.

Während unsere Seite noch dunkel im Widerschein des westlichen Horizonts glüht, hat sich der gegenüberliegende zu einem fast konturlosen Dunstwall verdichtet und erscheint unerreichbar wie eine andere Welt. Langsam lösen sich auch die fernen Umrisse der tiefgestaffelten Kulissen in der Dunkelheit auf, der Colorado verschwindet, und die Nacht beginnt rasch aus der Tiefe der

Hoch über dem Grand Canyon beobachten wir den herrlichen Sonnenuntergang

Schluchten aufzusteigen. Lange sitzen wir auf den noch warmen Steinen des Klippenrandes und lassen die Beine in die Tiefe baumeln. Längst kann man unten nichts mehr erkennen, und bald gleicht der ganze Grand Canyon einem finsteren, trügerischen Ozean. Die andere Seite taucht wieder auf, Dunst verdeckt die Abgründe. Wir tasten uns mit schlechtem Schweinwerferlicht durch die verschlungenen Waldwege zurück zum Zeltplatz. Das Eingangshäuschen ist verlassen und steht offen. Zwischen den Bäumen sehen wir Lagerfeuer leuchten und das blaue Flimmern der Fernseher in den Wohnmobilen. Wir zünden unseren kleinen Holzstoß an und grillen die saftigen Steaks. Reichlich primitiv: ohne Teller und Zutaten. Das schwammig-flockige „darkbread" kann man auch vergessen. Doch jeder hat eine Gabel und ein Taschenmesser. Bald wird es eisig kalt, und es macht trotz Pullis nicht viel Spaß, noch länger draußen zu sitzen. Um neun Uhr kriechen wir in die Schlafsäcke. Die Hitze des Tages steckt uns noch wohlig in den Knochen, und mein Bein scheint auch wieder in Ordnung zu sein. Es schläft sich gut auf den würzigen Kiefernnadeln.

Route 66

Die Hauptsorge am nächsten Morgen gilt meiner Bremse. Und siehe da – ein Wunder ist geschehen, sie funktioniert wieder zuverlässig wie immer, obwohl ich seit der Panne nichts mehr daran gemacht hatte. Das ist mir unbegreiflich, und ich beschließe, ein wachsames Auge auf sie zu haben. Wie alle hier, sind auch wir kurz nach Sonnenaufgang munter und packen in der kühlen Morgensonne fröstelnd unsere Sachen zusammen. Um acht Uhr sitzen wir in der mollig warmen Cafeteria. Rühreier, klebrige warme Milchbrötchen auf Styroportellern, Butter, Marmelade, Milch, Kaffee, Orangensaft, der Hunger treibt's hinein.

Dick vermummt brechen wir um halb neun auf. Wir haben wieder mal kein Super-Benzin bekommen, auch im 90 km entfernten Williams gibt es nur Normal-bleifrei – so ziemlich die schädlichste Nahrung für einen schwer arbeitenden Harleymotor. Er rächt sich mit Klopfen und Klingeln. Wir tanken also nur halbvoll und hoffen in Seligman auf Premium mit dem „lebenswichtigen" Bleizusatz.

Dieses Williams, ein hübsches, modernes, an einem waldigen Berghang gelegenes kleines Städtchen neben der Interstate, ist eine wichtige Anlaufstelle für Trucker, die sich hier mit allem Notwendigen versorgen können. Für uns hat dieser Ort insofern Bedeutung, als wir hier auf die berühmte „route 66" kommen, wie die jetzige Interstate 40 früher hieß. Sie war der Fluchtweg einer ganzen Generation bis noch vor wenigen Jahren. Hier rollte die zweite große Auswanderungswelle jahrzehntelang aus den hektischen

Die berühmte „route 66" erwartet die Easy Rider

Städten des überbevölkerten Ostens, wo Verzweiflung, Streß, Krawalle und Arbeitslosigkeit herrschten, in den menschenleeren „Far West". „Go west, young man" hieß die Parole des großen Aufbruchs, und so saß dann der Aussteiger – jung oder alt – mit seinen wenigen Habseligkeiten im klapprigen Auto oder als Anhalter in der „driver's cabin" eines riesigen Trucks und starrte mit entzündeten Augen in die endlose Weite dieses Landes, das er bisher nur in seinen Träumen gesehen hatte. Unzählige Songs und Filme erzählen von jener „route sixtysix", die zum Symbol einer Weltanschauung wurde, und der „Easy Rider" wurde seit dem Film ihre Symbolfigur. Wie dort die beiden Harleyfahrer eine bessere Welt suchten und sich selbst dabei fanden, so sind auch wir – im übertragenen Sinne – auf demselben Wege.

Eine der romantischen, verstaubten Stationen der „route 66" ist das Wüstenstädtchen Seligman. Heute führt die Interstate einige Kilometer südlich vorbei, und alles Leben ist seitdem aus den abgetakelten Holzbuden gewichen; nur die abgeblätterten alten Inschriften lassen noch etwas von dem Glanz und Zauber der turbulenten Zeit ahnen, als sich Hippies, Abenteurer und Trucker die Türklinken zum „Highway-Café" oder „Grocery-Store" in die Hand gaben.

An der Tankstelle aber gibt es Superbenzin, das richtige Öl und natürlich billige kalte Getränke aus der Kühlmaschine. Die Pause war nötig – „no service next 80 miles" (130 km) warnt vor Seligman ein Hinweisschild. Die neue, schwarz geteerte Autobahn bildet eine Schneise durch das gebirgige, leere Ödland bis nach Kingman. Die alte US 66 schlängelt sich in weitem Umweg nördlich davon durch zahlreiche kleine Nester, die erkennen lassen, wie sehr einmal dieser Hauptverbindungsweg von Ost nach West die Lebensader für die Siedler in diesem wilden Land war.

In Kingman soll ein Harley-Händler sein, den wir aufsuchen wollen, weil wieder mal einige Kleinigkeiten gemacht und ergänzt werden müssen. Das Geschäft trägt den irreführenden Namen „Bike City" und hat über Mittag zu, was keine Rolle spielt, weil der einzige Mechaniker zur Zeit sowieso nicht da ist. Das Angebot beschränkt sich auf einige Motorräder (vornehmlich japanische Produktion), dirt-track-Bekleidung und weitgehend unnützes

Zubehör. Harley-Ersatzteile und neue Kerzen sind nicht zu bekommen, Spezialwerkzeug ist nicht zu finden, aber die freundliche Dame tröstet uns mit einer Hunderterpackung Zündholzheftchen („Bike City“ in Golddruck!) und vielen schönen bunten Prospekten. Immerhin gibt's kalte Cola, 30 Cents die Flasche, aus dem Automaten.

Draußen zerren wir also das Werkzeug aus der untersten Etage der Packtaschen und zerlegen in der brütenden Mittagshitze meine Bremsanlage. Lixi nimmt sich die Kerzen vor und versucht in das Getriebe Öl nachzufüllen, was aber wegen der eng verlegten Auspuffanlage nicht ohne Trichter geht. Nach langem Suchen findet die nette Lady ein Stück Benzinschlauch, und über einem gedrehten Papiertrichter können wir damit langsam (wie immer hier), tropf – tropf – tropf, das Getriebeöl in den verbauten Einfüllstutzen hineinmanipulieren. Es war höchste Zeit.

Völlig erledigt kühlen wir uns anschließend im McDonald bei Milchshakes und Pudding. Ein Uhr mittags – die US 93 nimmt uns auf, 160 Kilometer bis Las Vegas. Der Asphalt scheint unter unseren Rädern zu schmelzen, links und rechts nur kahles verbranntes Gebirge mit dem passenden Namen „Black Mountains“. Wenn wir anhalten, trifft uns die Hitze wie ein Hammerschlag. Es hat so um die 50 Grad, und bis zum Hoover-Damm haben wir keinen Schatten zu erwarten. Voller Sturheit hat man den breiten Highway einfach durch die querlaufenden Schuttmoränen gefräst, die aufragenden Kegel zu beiden Seiten stehen wie eine Pyramiden-Galerie bis zum flimmernden Horizont. Dann ein schwarzer Felsen, dahinter ein hochgelegener Parkplatz, von dem aus wir das erblicken, was wir hier am wenigsten erwartet haben: grünes, köstliches, frisches Wasser, jede Menge. Unter uns der Hoover-Damm: eine Häufung amerikanischer Superlative, Grenze nach Nevada, die dritte kontinentale Zeitverschiebung (von der Mountain-Time zur Pacific-Time) und der Lake Mead, der größte, von Menschenhand geschaffene Stausee, mit seinen riesigen Erholungs- und

Scheinbar endlos zieht sich die US 93 durch die „Black Mountains"

Wassersportzentren mitten in der Wüste – dic „Boulder recreation area". Nach einer langgestreckten Doppelschleife fahren wir über die breite Dammkrone nach Nevada. Vier mächtige Turbinentürme ragen aus dem tiefen Milchsee – auf der anderen Seite die höchste Damm-Mauer der Welt, eine 220 Meter hohe, elegant geschwungene weiße Muschelschale, die anmutig in die groben Steinwände des „black canyon" gepaßt ist. Das Kraftwerk versorgt halb Kalifornien mit Strom und vor allem Las Vegas, das glitzernde quirlige Spielerparadies an der unmöglichsten Stelle Amerikas, dort, wo es am heißesten ist.

„Willkommen in Nevada – Land der unbegrenzten Erholung" steht auf dem Schild am Hoover-Damm-Parkplatz, der im Schatten einer gewaltigen Felswand liegt, die mit einem bedrohlichen Gewirr von Stahlmasten und Stromleitungen überzogen ist.

„Vorausgesetzt, man hat das nötige Kleingeld", meint Ilona verdrießlich, denn ihre Dollar sind zu Ende, so wie ihr Motorrad-abenteuer. Morgen früh wird sie mit ihrer Linienmaschine planmäßig über New York wieder nach Hause fliegen. Ein schrecklicher Gedanke.

Teamwechsel

In Las Vegas hatten wir uns mit Jochen, Jürgens 22jährigem Neffen, verabredet, der Ilonas Platz einnehmen sollte. Als Treffpunkt hatten wir aufs Geratewohl ein billiges Motel mit dem schönen Namen „Paradise-Inn" ausgesucht, weil es in der Nähe der Harley-Vertretung an der Freemont Ave liegt. Es erweist sich als eine schreckliche, stinkende Bruchbude.

Aber Jochen ist da und erwartet uns sehnsüchtig. Er kann es gar nicht fassen, daß wir die fast 7000 Kilometer lange Anfahrt auf die Stunde genau beendet haben. Er ist voller Unternehmungslust und sieht nur mühsam ein, daß wir erst mal nur ausruhen und schlafen wollen.

Aber weil Ilona den letzten Abend da ist, raffen wir uns nochmals auf und fahren über den Strip ins „Stardust". Die tobenden Lichtgewitter beeindrucken mich nicht, die Spielsalons empfinde ich als aufdringlich, die Leute vor den in langen Reihen aufgestellten Spielboxen erinnern mich an Marionetten, die immer die gleichen ruckartigen Bewegungen machen. Die breiten Boulevards strahlen die Hitze des Tages ab – es hat noch fast 35 Grad. Zur Feier des Abschieds essen wir in einem mexikanischen Restaurant irgend etwas Fades, Scharfes an holzimitierten Plastiktischchen, die von roten Kerzenkugeln in Dämmerlicht getaucht werden: teuer und schlecht.

Im Motel schlafe ich vor dem laufenden Fernseher ein. Früh um fünf Uhr weckt er mich wieder. Ich starre zur Decke, der große Nagel war doch gestern noch nicht da? Na egal, vielleicht kann ich bei der Hitze noch ein bißchen schlafen. Ich blicke wieder zur rosa Decke hinauf. Der Nagel ist ein gutes Stück weiter gewandert, und da wird mir erst klar, daß es ein riesiger Käfer ist. So schnell war ich noch nie aus dem Bett. Meine Befürchtungen bestätigen sich – überall in den Ecken drängen sich zentimeterlange, flache dunkelbraune Schaben, die sofort ins Dunkle flitzen, wenn man ihr Versteck aufstöbert. In der Duschkabine krabbeln Myriaden von Ameisen zwischen den Steinfliesen heraus, und irgendein Flattermann von Nachtmotte versucht wild knatternd ins Freie zu gelangen. Die andern schnarchen gottlob ahnungslos inmitten dieses Kleintiergewimmels, als es mir siedendheiß einfällt: die Ilona muß ja los, ihre Maschine geht in einer Stunde.

Wir packen hastig ihre Sachen, und ich fahre sie zum 30 Kilometer entfernten McCarran International Airport. Es ist Sonntagmorgen, süße Benzindünste und der Geruch nach billigem Parfüm liegen in der lauen Luft, die noch nicht weiß, was die gerade aufgehende Sonne ihr antun wird.

Las Vegas schickt sich zum Schlafen an, die Lichter werden blaß und verlöschen, die dröhnenden Kehrmaschinen sind so ziemlich die einzigen Fahrzeuge auf den breiten Boulevards. Im Flughafen gibt es einen herzerweichenden Abschied.

„Grüß mir die Heimat!" Als ich Ilonas traurige Augen sehe, verkneife ich mit den Zusatz „. . . und die Staus, die Grenzen und das Mistwetter!"

Ins Ungeziefer-Motel zurückgekommen, beauftrage ich Jürgen und Jochen, sofort eine andere Unterkunft zu suchen.

„Aber bitte zuerst etwas frühstücken." Das „International House of Pancakes" ist gleich gegenüber. Es hat Tag und Nacht geöffnet und ist am frühen Morgen schwach besucht. Die Sahneportion auf den immer gleichen Tiefkühlerdbeeren ist daher doppelt so groß. Dann machen sich die beiden auf die Suche, und um 11 Uhr ziehen wir ins „Capri-Motel", 500 Meter weiter, das sich nach gründlicher Inspektion als bewohnbar erweist.

Wie fast alle Motels hier ist es ein flacher Billigbau mit durchgehendem Vordach und in rechteckiger Form um den breiten, glühendheißen Asphalthof herumgebaut. In einer Ecke liegt der drahtgitterumzäunte Swimmingpool, dahinter die Eismaschinen, die Cola-Automaten und der Münzwaschsalon. Ein freundlicher Chinese (die meisten Hotels hier werden von Chinesen oder Vietnamesen verwaltet) verlangt 26 Dollar für alles inklusive, acht Dollar weniger als im heruntergekommenen „Paradise". Suchen lohnt sich also.

Um 12 Uhr rufe ich wieder Bayern III an, und Roland Krüppel stellt mir tausend Fragen. Zum Trost erzählt er mir, daß der Ammersee schon zu kalt zum Baden sei. Draußen ist das Thermometer inzwischen auf 48 Grad geklettert, und die anderen drei liegen wie tote Fliegen am Swimmingpool, die Colaflasche in der Hand.

Wir bleiben noch zwei Tage in Las Vegas. Wir sind einfach zu kaputt, um jetzt schon in das Tal des Todes zu fahren. Nur dem ausgeruhten und erlebnishungrigen Jochen paßt das nicht. Aber wir ignorieren seine ärgerlichen Bemerkungen, richten uns häuslich ein, schleppen kistenweise Getränke vom Supermarkt heran, arbeiten Berge von ungeschriebenen Postkarten auf (mit herzlichen Grüßen aus New Orleans), waschen alles gründlich durch, bis der Motelhof einem süditalienischen Hinterhof gleicht (die Wäscheleinen sind von Harley zu Harley gespannt) und bewegen uns träge zwischen Fernseher und Swimmingpool hin und her. Mister China lächelt uns wohlwollend an: Vely fine weathel!"

Ich muß einen 500-Dollar-Amexco-Scheck wechseln und fahre deshalb zur nahegelegenen Bank, die jedoch nur wenige Stunden am Tag auf hat. Martialische Polizisten mit baumelnden Colts stehen mit gespreizten Beinen und auf dem Rücken verschränkten Händen in der Schalterhalle aus Marmor, Glas und Chromstahl. Ich lege meinen Scheck vor. Aber nach der üblichen umständlichen Prozedur mit Paßzeigen und Führerscheinkontrolle, Perso-

Unsere Harleys lassen sich viel gefallen!

nalüberprüfung und langwierigem Formularkrieg geht hier gar nichts. In Las Vegas wechsle keine Bank mehr als 200 Dollar pro Person um. In Las Vegas!!! Ich behalte also meinen Fünfhunderter und lasse dafür zwei Hunderter-Schecks einlösen. Und bitte in 20-Dollar-Noten! Das ist gegen die Vorschriften! Alles muß schön gemischt sein. Ein Wunder, daß ich überhaupt noch Geld bekomme.

Um drei Uhr fahren Jochen und Lixi „nur mal schnell einkaufen". Das Kaufhaus ist einen Kilometer weiter stadteinwärts. Als sie um sechs noch nicht zurück sind, fangen Jürgen und ich an, uns Sorgen zu machen. Es wird sieben, es wird dunkel, die beiden kommen nicht. Kein vertrautes Motorengeräusch erlöst uns. Was ist passiert? Motorrad geklaut, Unfall gehabt? Überfallen – ausgeraubt? Wir gehen alle paar Minuten hinaus und horchen unruhig in die laue Nacht und auf den Verkehrslärm. Nichts.

„Wenn sie um neun nicht da sind, verständigen wir die Polizei und lassen nach ihnen suchen!" sage ich zu Jürgen.

Ich bin ernstlich nervös geworden, und auch Jürgen meint, da stimme etwas nicht, sonst hätten uns die beiden ja längst benachrichtigt.

Wir sitzen wie auf Kohlen.

Um halb zehn rattern die beiden schwungvoll in den Hof.

„Darf man erfahren, wo ihr die letzten sechs Stunden wart?" fahren wir sie an.

„Wieso? Stimmt was nicht? Wir haben uns den Strip angesehen!" Und sie sprudeln los.

„Das kostet aber was – in ganz Las Vegas sucht die Polizei nach euch – Großfahndung!" Die Zwecklüge wirkt.

Es gibt einen gewaltigen Krach, aber am Schluß ist allen klar, daß sich keiner ohne entsprechende Absprache oder Nachricht entfernen kann.

Ins Tal des Todes

Dienstag früh sind wir schon um 7 Uhr abfahrtbereit und verlassen in der Morgenkühle (25 Grad!) ausgeruht Las Vegas, das gerade wieder mal schlafen geht. Das Donnern der schweren Motoren ist Musik in unserern Ohren. Die Helme ins Gesicht gedrückt, genießen wir den Fahrtwind, der uns aus der Wüste entgegenbläst, die gleich hinter den letzten Häusern beginnt. Die US 95 ist ein langer Schlauch, eine einsame Teerpiste, die sich meist in kakteenbestandenen Senken zwischen kahlen Bergketten hinzieht. Wir wissen, daß sich hinter diesen hochragenden Gebirgszügen irgendwo das berühmt-berüchtigte „Tal des Todes" verbirgt, und ein bißchen unheimlich ist uns schon, wenn wir an all die Schauermärchen denken, die wir darüber gehört haben. In Lathrop Wells, das aus drei Hütten und einigen Wohnwagen besteht, biegen wir

Auf dieser einsamen Teerpiste geht es direkt ins „Tal des Todes“

nach Death Valley Junction ab.

Kurz vor der Grenze nach Kalifornien und mitten in der Amargosa-Wüste taucht eine einsame schiefe Bretterhütte auf. „Joe's State Line Saloon“ lesen wir in ausgebleichten Lettern über dem schrägen Verandadach. Staub und Schutt in allen Ritzen, Fenster und Türen fest verschlossen, das müssen wir uns näher ansehen. Wir rütteln an den verrammelten Fensterläden. Wie es wohl da drinnen aussehen mag? War da nicht etwas? Wir bleiben wie versteinert stehen. Und wie von Geisterhand öffnet sich knarzend der obere Teil der Schwingtür. Ein netter, blonder junger Mann lächelt uns einladend an. „Sorry, daß noch zu war, die Miners kommen erst um zwölf zum Essen – bitte, kommt rein!“.

Er macht die Läden auf und begibt sich hinter den Bartresen, der die ganze Längsseite des Schuppens einnimmt, in dem eine richtige Westernatmosphäre herrscht. Die dunkle Holzplatte ist abgewetzt, die Messingbeschläge blankgescheuert, vor dem halbblinden ziselierten Spiegel stehen die bunten Schnapsflaschen, an den verräucherten, schwarz-bunten Holzbrettern hängen Bergbaugeräte. Zerlöcherte Stiefel und zerfranste Hüte fehlen ebensowenig wie vergilbte Fotos von steif aufgebauten Arbeitergruppen. Fromme Sprüche („Ben soff zehn Whiskys und erschoß dann seine Frau, Hallelujah") sind natürlich auch in genügender Menge da und sorgen für unterhaltsame Lektüre. Die Wüste lebt! Joe reißt jedem von uns ein eiskaltes Budweiser auf, dann bringt seine Frau Teller mit köstlicher dampfender Linsensuppe zum „Probieren". Es ist das beste und noch dazu das preiswerteste Essen, das wir in Amerika bekommen haben.

Das Tal des Todes ist voller Wunder. In Death Valley Junction, dessen Wahrzeichen ein rostender Wasserturm und ein total verrotteter Bahnhof ist, hat ein New Yorker Künstlerehepaar, das durch eine Reifenpanne vor vielen Jahren hier gelandet war, in einem Anbau eines ehemaligen Hotels ein groteskes Opernhaus eingerichtet. Genauer gesagt: die Malerin und Tänzerin Marta Becket gibt hier dreimal die Woche (von Oktober bis Mai) zu den schrillen Klängen verkratzter Schallplatten klassische Ballett-Pantomime zum besten. Ihre Zuschauer hat sie sich selber in langjähriger Arbeit an die Wände gepinselt, 260 an der Zahl – die echten stürmen die 60 Meilen von Las Vegas heran (nachdem sich die Gaudi herumgesprochen hatte) und amüsieren sich auf fünfzig wackligen Drahtstühlen die halbe Nacht. Tom Williams, der weißhaarige Ehemann und Manager, bastelt (seit ebensolanger Zeit) in der Garage an einem Flugzeug.

Das Thermometer ist inzwischen wieder auf 50 Grad geklettert. Lixi entblößt sich weitgehendst; ich weiß nicht mehr, wie ich die sengende Glut der Sonne fernhalten soll, die mir die Haut in Fetzen vom Körper zieht. An der Einfahrt zum eigentlichen Nationalpark-Gebiet steht ein Zettelkasten mit der großen Aufschrift „Survival hints". Dieser gibt fürsorgliche Hinweise, wie man eine Autofahrt durch das Tal des Todes überlebt: viel Trinken, nicht sonnenbaden – der Boden kann sich bis zu 93 Grad erhitzen – und bei Pannen immer artig beim Wagen bleiben. Keine Panik! Nach sorgfältigem Studium brausen wir los.

Die zerklüftete Berglandschaft strahlt eine furchterregende Lebensfeindlichkeit aus. Zabriskie Point – eine Mondlandschaft! Da kann man weit hinuntersehen zu den Salt-Flats und versteinerten vielfarbigen Verwitterungskegeln, die bis zu 86 Meter unter Meereshöhe liegen. Die Namen sind schaurig und haben vielfach reale Hintergründe: „Satans Kornfeld", „Dantes Inferno-Blick", „Toter-Mann-Paß", „Teufels Goldplatz". Früher wurden hier die reichen Boraxvorkommen in unsäglich harter Arbeit abgebaut und mit schwerfälligen Maultierkolonnen abtransportiert. Alle anderen Versuche der Industrialisierung dieses so mineralienreichen Gebietes sind kläglich an den mörderischen Verhältnissen – extreme Hitze und Trockenheit – gescheitert. Die „Burros", die Maulesel, sind das Wahrzeichen des Death Valley geblieben.

Zabriskie Point – eine lebensfeindliche Mondlandschaft

In Furnace Creek steht noch ein unförmiges Monster von Dampftraktor, der sich schon bei seiner ersten Fahrt allein durch sein eigenes Gewicht in den weichen Boden eingegraben hat. Furnace Creek, diese sterile Freß-, Sauf-, Schlaf- und Informationsoase, mit klimatisiertem Restaurant, Bar, Motel, Service Station, Campground, Tankstelle, Museum, Visitor Center, zerstört die Illusion von der Unberührtheit und zeigt, daß die Vermarktung auch makabre Züge annehmen kann. Mach Dir ein paar schöne Stunden – und fahr durchs Tal des Todes! See the famous sand-dunes! Be happy! Kühlwasser im Wagen nicht vergessen!

55 Grad! Lixi kann in ihren Hot pants nicht mehr auf dem glühendheißen Sattel sitzen und legt ein Handtuch drüber. (Ich habe es aufgegeben, ihr wegen ihrer leichtsinnigen Bekleidung die Leviten zu lesen.) Eine Viertelstunde später – mitten im hitzeflirrenden ausgetrockneten Salzsee – hält sie an und legt sich auf die kochende Straße. Kreislaufkollaps! Wir stehen ziemlich hilflos herum, als mir einfällt, daß ja noch irgendwo in den Packtaschen die Dose Traubenlimo von Durange sein muß. Als ich sie herauskrame, sehe ich gleich die Bescherung – sie muß vor kurzem in der Hitze der Packtasche explodiert sein und hat nun ihren klebrig-süßen Inhalt auf Filme und Kameras verteilt. Wir setzen kurzerhand Jochen auf die FLH und binden Lixi hinter ihm fest. Fünfzehn Kilometer weiter sind wir endlich in Stove Pipe Wells Village, der zweiten Touristenstation im Tal des Todes, und dort halten wir Lixi unter einen Wasserstrahl, der sie rasch wieder munter macht.

Das anheimelnde Motel, in dem wir gerne geblieben wären, hat natürlich zu – „closed for summer-season“ – und macht erst im Oktober auf. Der blau schimmernde Swimmingpool ist natürlich auch nicht zugänglich. So fahren wir die 60 Kilometer über den 1315 m hohen Daylight-Paß hinüber nach Beatty.

Zwei Geisterstädte

Beatty hat eine gewisse Berühmtheit erlangt, weil nicht weit von hier die ständigen unterirdischen Atombombenversuche in dem ausgedehnten militärischen Sperrgebiet unternommen werden, das gemeinhin als „Nellis Air Force Range & Nuclear Testing Site" bekannt ist und immer wieder für spektakuläre, militärische Überraschungen sorgt. In Las Vegas fand gerade eine große Protestkonferenz gegen die atomare Belastung des „Beatty Dump" statt.

An der US 95 kommen wir in einem kleinen sauberen Motel unter (17,75 Dollar das Vierbettzimmer, kein Fernsehen). Beim Abendessen im 24-Stunden-Restaurant „Exchange Café", erfahren wir beiläufig, daß für morgen früh wieder einer der umstrittenen Atombombentests angesetzt ist. Ich erkundige mich bei der Bedienung nach Näherem. Ziemlich gelangweilt fragt sie ihren Boß.

Irgendwo unter dieser Steinwüste explodieren Atombomben

„Eh, Bill, what time is the test tomorrow?"

„At eight a.m."

Die Leute nennen das hier einen „Test" und regen sich nicht weiter auf, während Amerikas Politiker sich darüber öffentlich in die Haare kriegen und weltweite Proteste in die verschwiegene Wüste Nevadas hageln.

„Na ja, das ist wohl mehr 'n politischer Rummel", meint ein älterer Arbeiter, „wir haben hier nur Vorteile davon gehabt." Das glühende Höllenfeuer tief unten im Gestein – nur wenige Meilen entfernt? Just a test.

Am nächsten Tag flüchten wir und verlassen den unheimlichen Ort wieder in Richtung Death Valley. Nach wenigen Meilen ein verblichener Wegweiser: „Rhyolite – Ghost Town".

Die Straße führt ins Nichts und endet an einem wüsten Berghang. Wir können uns einfach nicht vorstellen, daß hier einmal eine große, blühende, quirlige Stadt stand mit über 10 000 Einwohnern – Minenarbeitern, Angestellten, Abenteurern, Geschäftsleuten, leichten Damen, Hausfrauen, Müttern, Kindern – und alles vor nicht ganz 70 Jahren! Hier kann man doch nicht wohnen – kein Wasser, kein Strom, nur brüllende Hitze und schwarze Steine ringsum, dazwischen ein paar verdorrte Salbeibüsche. Und kahle, grausame Berge. Das Gold in ihnen war der Grund, daß um 1905 diese Stadt förmlich über Nacht aus dem Boden gestampft wurde. Zwei Eisenbahnlinien balgten sich um die Transportgewinne, bauten Gleisanlagen und Bahnhöfe, jeden Tag trafen neue Planwagentrecks, Maultierkolonnen und Siedler zu Fuß in der Metropole zwischen dem „Tageslicht-Paß" und der „Höllen-Pforte" ein. Postdienst und Schulunterricht fanden noch in Zelten statt, dafür gab's um so mehr Saloons und „Hotels". Der erste Bau aus Stahl und Beton war das ständig überfüllte Gefängnis, sechs Banken mit dicken Tresoren folgten. Wells Fargo übernahm die Goldtransporte, ein Opernhaus sorgte für Kultur,

Spielhöllen für Abwechslung und unzählige Bars für enorme Mengen Hochprozentiges.

1918 war alles ebenso schnell wieder vorbei. Die Eisenbahngesellschaften rissen ihre kostbaren Schienen wieder heraus, und 1924 starb der letzte Einwohner. Dann war alles wieder so wie seit undenklichen Zeiten – eine schauerliche Einöde. Erst wenn man genauer hinsieht, bemerkt man die vereinzelten Überreste: vermoderte Bretter, Berge verrosteter Konservendosen und Millionen Glasscherben. Da drüben ragt eine gespenstische weiße Ruinenwand in den dunkelblauen wolkenlosen Himmel – das war das große Bankhaus Cooke, gegenüber verfällt die klobige Mauerfront des General Store. An den leeren Schaufensterhöhlen drängten sich einmal kaufwütige Kunden, die Gebrüder Porter verdienten sich eine goldene Nase an ihnen.

Ziemlich weit oben liegt in stolzer Agonie der grün gestrichene Bahnhof, das einzige heile Gebäude der Geisterstadt. Es beherbergt heute ein Museum, ist aber geschlossen. Wer kommt schon hierher? Melancholisch steht das Signal vor dem gleislosen Bahnsteig auf seinem letzten Halt.

Plötzlich scharrende Schritte hinter uns. Erschreckt fahren wir herum. Ein hungriger Esel ist wie ein Geist aus den Ruinen aufgetaucht und läßt sich nicht mehr abschütteln, als wir zu Tom Kelly's Flaschenhaus weitergehen. Er hat es 1906 aus 52 000 Schnapsflaschen zusammengesetzt, und der Glaspalast hat als einziges Bauwerk alle Brände und Stürme unbeschadet überlebt. Tom ist auch schon längst gestorben, aber um sein einsames, in der Steinwüste stehendes Säuferdenkmal haben sich wie Küken um ihre Glucke die toten Zeugen einer turbulenten Vergangenheit geschart: Hausrat aller Art, Herde, Öfen, Werkzeuge, Minenausrüstungen, Autowracks, Kutschenräder, verbeulte Goldpfannen, Spielzeug, zinkblechbeschlagene hölzerne Eisschränke, Reklameschilder, Heiligenfiguren, Maultiergeschirre, zerbrochene Kaffeekannen, durchlöcherte Blechteller und das räderlose Feuer-

Das ehemalige Bankhaus Cooke

Tom Kelly's Flaschenhaus

wehrauto – teils Schrottplatz, teils Westernmuseum; eine Fundgrube für Amateurarchäologen.

Eine junge Frau, die im Flaschenhaus wohnt, führt uns in die dumpfigen, gründämmrigen Innenräume, wo sich die „wertvollen" Reste der guten alten Zeit in unordentlichen Haufen stapeln: vergilbte Fotos, verrottete Kleider und Schuhe, bombastische, zerrissene Hüte, zerfledderte Zeitungen und abgewetzte Gebetbücher. Unter einer dicken grauen Staubschicht entdecken wir vorsintflutliche Schreibmaschinen, Registrierkassen, einen Musikautomaten und ein paar „Singer"-Nähmaschinen. Eidechsen und Käfer huschen über ein verschlissenes Wachstuchkanapee, ein Jugendstil-Radio wird von einem Springmauspärchen als Nistplatz zweckentfremdet.

Draußen hören wir die „Geister" der toten Goldgräber. Sie klopfen, klirren, klingen und klappern. Es sind Hunderte von Töpfen, Pfannen und Kesseln, die an einer staubigen Tamariske hängen und beim leichtesten Luftzug gegeneinanderschlagen.

Rhyolite, das ehemalige Juwel des Westens, heute

Panamint Valley – eine unserer letzten Stationen im Tal des Todes

Dann tragen uns unsere Motorräder wieder hinunter, weg von dem trostlosen Platz, der einmal Rhyolite war – das Juwel des Westens –, über den „Daylight-Paß" zu den Sanddünen von Stove Pipe Wells.

Am „Hells Gate" halten wir noch mal bei den Chloride-Cliffs an. Das Death Valley liegt in seiner ganzen furchteinflößenden, majestätischen Schönheit vor uns. Wir versuchen den Augenblick mit unseren Kameras einzufangen, aber wir wissen schon, daß sich diese Eindrücke nicht konservieren lassen. Wir parken neben einem Schild mit der Aufschrift „Survival Hint" – einem Überlebens-Stützpunkt mit Wasserfaß, Notruf, Panoramakarte und einem typischen Spezial-Service für Wüstenneulinge: per Knopfdruck gibt eine beruhigende Stimme vom Tonband Ratschläge bei Hitzschlag und Reifenpannen.

Der Rest des Tages heißt Fahren. Es wird eine lange phantastische Fahrt durch menschenleeres Land. Wir durchschneiden glühende Senken, wie das fast auf Meereshöhe liegende versandete Panamint Valley, und klettern anschließend in endlosen Serpentinen über hohe Pässe und endlich wieder hinab in das liebliche grüne Hochtal, das sich entlang der High Sierra hinzieht und über dem schon die spitzen Zinnen des höchsten Berges Kaliforniens hervorragen – des 4417 m hohen Mount Whitney. Die Sierra Nevada muß den früheren Reisenden nach den Höllenqualen einer wochenlangen Durchquerung des Death Valley wie ein Paradies vorgekommen sein: klare fischreiche Bäche, kühle Pappelhaine, saftige Wiesen und schneebedeckte Berge, die aus dunklen Wäldern emporsteigen.

Stippvisite im Goldenen Westen

Die schönsten Gebiete der Sierra Nevada sind in riesige Nationalparks umgewandelt worden. Der berühmteste trägt den Namen Yosemite National Park und wurde bereits 1864 angelegt. Gut ausgebaute Straßen und Wege führen Tausende von Besuchern zu den Wasserfällen, steilen Felswänden und anderen Sehenswürdigkeiten, ohne dabei die natürliche Landschaftsform zu stören oder zu verändern. Campgrounds und Erholungscenter sorgen dafür, daß niemand auf seinen geliebten Komfort zu verzichten braucht.

Aber uns steht der Sinn nach anderen Abenteuern. Beim sorgfältigen Studium von Postkartenständern und Prospektstapeln fällt uns eine Ansichtskarte in die Hände, die ein paar verfallene Hütten auf einer Wiese zeigt. Auf der Rückseite lesen wir, daß diese Ortschaft Bodie heißt und einmal die wildeste Goldstadt des Wilden Westens gewesen sei, mit dem schlimmsten Klima und den schlimmsten Leuten der Welt, Schießereien seien an der Tagesordnung gewesen. Die Stadt hätte 13 Goldbergwerke, 67 Saloons, 6 Leichenbestatter und 15 000 Einwohner gezählt. Das Jagdfieber nach den Zeugnissen einer legendären Zeit packt uns. Wo liegt denn dieses Bodie? Wir finden es auf der Karte in der Nähe des Mono Lakes – östlich vom Yosemite Nationalpark.

Nachdem wir die Mono Craters besichtigt haben, die aus den frühesten Gesteinsschichten der Erde bestehen, versuchen wir noch im Mono Lake über Kalksintersteine zu den grellweißen Felsbrocken zu gelangen, die am seichten Ufer wie kleine Eisberge aufragen. Aber wir versinken immer tiefer im trügerischen

Kalksintersteine gleißen am Ufer des Mono Lake

schmatzenden Kalkschlamm und geben es auf.

Vom malerischen Mono Lake geht es wieder in die Berge der Sierra Nevada. Die Auffahrt nach Bodie ist seit hundert Jahren unverändert geblieben. Die staubige, steinige Schotterstraße wird zunehmend enger, holpriger und steiler. Manchmal glauben wir, in einem Bachbett, manchmal auf einem Maultierpfad zu fahren. Wir brauchen für die 15 km lange Strecke fast zwei Stunden. Endlich gelangen wir über eine kahle Kuppe in ein völlig baumloses Hochtal.

Und da liegt sie, diese einst so berüchtigte Siedlung, wo so viele ihr Glück machen wollten und nicht selten strandeten oder gar den Tod fanden, inmitten einer flachen Talsenke mit kleinen, schiefen verwitterten Holzhütten, die geduckt im dichten Salbeigestrüpp herumstehen – Bodie, die Geisterstadt, die in ihrer gottverlassenen Einsamkeit zum zweitenmal stirbt.

Wir wandern durch ein Totenreich. Wenn wir durch die

In dieser Talsenke dämmert Bodie seinem Verfall entgegen

blinden, zerplatzten Fenster spähen, scheint alles noch so zu sein, wie es damals verlassen wurde. Dicker Staub bedeckt Tische, Stühle und Betten, verrottete Vorhänge bewegen sich leicht im Wind. Neben dem Waschtisch steht die Wasserkanne, auf dem gußeisernen Herd die Henkelpfanne, in der Schreibmaschine vom Grand-Hotel steckt noch das Papier, im Telefonklappenschrank dahinter noch die Strippen. Der zersprungene Holzglobus im Schulhaus hat dagegen alle aufgemalten Erdteile längst verloren. Die Zeitungen, die man anstatt der teuren Tapeten zum Schutz gegen die grimmige Kälte auf die blanken Bretter geklebt hat, sind vergilbt und hängen in Fetzen herunter. Eine Tür bewegt sich quietschend in den Angeln; in den Matratzen auf den Stahlgestellbetten nisten die Mäuse.

Das war er also, der goldene Westen, der die ganze Welt so aufgeregt hatte, daß Hunderttausende ihre Heimat verließen, um hierherzukommen in diese unwirtliche Gegend am „Ende der Welt", in ein paar zusammengenagelte Holzhütten, mit nichts anderem als der Hoffnung, reich zu werden. Die ersten riesigen Goldfunde wurden 1859 gemacht. Ein Jahr später beherrschte der Bodie-Boom die New Yorker Börse, und die großen Minengesellschaften hatten alle Claims in ihrer Hand. Sie wühlten sich sofort in den unscheinbaren Berg, und der Goldrausch war ausgebrochen. In Carson City wurde für die Ausbeute eine eigene Münze gebaut, mehr als 100 Millionen Golddollars wurden hier geprägt – für damalige Zeiten eine unvorstellbare Summe. Aber in Bodie herrschten Raub und Mord, Lynchjustiz, das Gesetz des Stärkeren, Laster, Ausbeutung und Betrug, Streit und Schießereien in den Saloons, Highlife in den Bordellen, Knochenarbeit in den Bergwerken. Bodie war aber auch eine Stadt, die den Fortschritt liebte. Elektrizität, Telefon, Autos, Radios gab es hier viel früher als anderswo.

Die Unmittelbarkeit dieser Zeugnisse einer legendären Zeit beeindruckt uns mehr als alles, was wir bisher über den Wilden

Westen gesehen haben. Hier wird nichts restauriert oder erhalten, nur zwei Ranger passen auf, daß niemand mehr die letzte Ruhe dieser langsam in Sonne, Wind und Schneestürmen zusammenfallenden Stadt stört.

Wir wandern die Main Street hinauf und die Green Street hinunter, wo die große Gewerkschaftshalle stand, auf deren rollengelagertem Boden so manches ausgelassene Fest gefeiert wurde, vorbei an dem vom Wind schiefgedrückten Spielsalon, dessen Tür vernagelt ist und schon wieder auseinanderfällt. Wir steigen die Stufen zum Haus des Schmiedes hinauf, wo eine erschreckte Katze aus einem brüchigen Rohrstuhl von der Veranda flüchtet, wir sehen zum Sargmacher hinein, in die noch wohlgefüllten Auslagen des Boonschen Warenhauses, in die schmucklose Kirche und erschauern beim Anblick der Benzinpumpe, die mit Schußlöchern durchsiebt ist. Wir steigen über schon gestorbene Häuser, die nur noch aus zerbrochenen Brettern bestehen und bereits vom Salbeigestrüpp überwuchert werden. Es kommt uns vor, als hätten

Hier pulsierte einst pralles Leben

wir ein geheimes Fenster aufgestoßen und in ein verbotenes Totenreich geblickt, in dem die Bewohner bei unserem Anblick zu unsichtbaren Geistern erstarrt sind.

Beklommen setzen wir uns wieder auf unsere Motorräder und machen uns davon, tausend tote Augen von Bodie im Rücken, bis wir über einen Hügel kommen und wieder das weite offene Land vor uns haben und die blauen Bergketten der Sierra Nevada, über denen gerade die Sonne untergeht.

Eine steinige, beschwerliche Abfahrt bringt uns hinunter nach Bridgeport, wo wir im sündteuren „Friendship Inn" einfallen. Es scheint das Hauptquartier von Jägern und Fischern zu sein, die hier mit Lastwagen voll entsprechender Ausrüstung anrücken. Ihre Beute legen sie, schön in Plastiktüten gewickelt und mit dem Namen ihres stolzen Besitzers beschriftet, in die riesigen Tiefkühltruhen vor den Appartements.

Natürlich ist uns der Mund wäßrig geworden, und wir bestellen im Restaurant gleich Forelle blau und Hasenbraten. Welche Enttäuschung – es gibt wie überall nur Hamburgers, Chicken oder Steak, es sei denn, wir brächten unser selbsterlegtes Wild mit, das man uns dann gern zubereiten wolle. Aber jede kommerzielle Verwertung von landeseigenem Wildbret sei per Gesetz verboten.

Zwei Tage später sind wir am Pazifik. Es war eine anstrengende, erschöpfende Fahrt mit Aufregungen und Pannen.

Sie fing damit an, daß wir bei der Überquerung der High Sierra von der US 395 hinüber zum Lake Tahoe eine viele Kilometer lange Baustelle passieren mußten, die zwar für Autos gerade noch befahrbar war, aber für unsere überladenen Harleys zur qualvollen Schinderei wurde. Die US 89, die sich bei der Auffahrt zum Monitor Paß so paradiesisch angelassen hatte, erstickte zwischen Markleeville und Woodfords in Geröll, Sand, Staub und Dreck. Wir auch.

Schweigend genießen wir die Schönheit Lake Tahoe

Völlig erschöpft und abgekämpft, staubüberkrustet, mit schmerzenden Armen und zitternden Händen saßen wir dann zwei Stunden im McDonald von South Lake Tahoe und wünschten, daß es für diesen Tag Schluß sei mit der Fahrerei. Aber wir schafften es dann doch noch bis zum 200 km entfernten Marysville, erst entlang des blaugrünen Bergsees über Truckee auf die Interstate 80 und von dort durch die endlosen Wälder des Tahoe-Nationalforstes über Nevada-City und Grass Valley auf der engen, kurvenreichen US 20. Ich kann mich nicht erinnern, daß wir auf unserer Reise jemals so erledigt und in einer so schlechten Verfassung waren. Mir war in der heißen, insektenschwirrenden Waldgegend kurz vor Marysville eine Mücke so tief ins Auge geflogen, daß Jürgen sie mir im Motel mit einem eigens gebastelten Notinstrument herausoperieren mußte. Zum Glück hatte ich Augentropfen dabei, die das schmerzende, entzündete Auge über Nacht wieder heilten. An sich sind es Kleinigkeiten, aber beim Motorradfahren können sie zur tödlichen Gefahr werden. Müdigkeit,

Schmerzen, Übelkeit und die einschläfernde Eintönigkeit einer längeren Geradeausfahrt vermindern, besonders bei Dunkelheit, die Reaktionsfähigkeit, so daß kostbare Sekunden vergehen, bevor man plötzlich auftauchende Gefahren erkennt. Nur die lange Fahrpraxis beschützte uns vor Unfällen und Katastrophen. Man entwickelt dabei im Laufe der Zeit so etwas wie den bekannten sechsten Sinn, der einen handeln läßt, bevor das Gehirn die dazu nötigen Befehle gibt.

Ich konnte mit meinem tränenden Auge fast überhaupt nicht mehr vernünftig sehen, und Jürgen hatte Kopfschmerzen und Durchfall. Jochen tat der Po so weh, daß er kaum noch gerade laufen konnte. Lixi hatte sich am glühendheißen Auspuffrohr die Wade verbrannt. Wer nicht hören will, muß nun mal leider fühlen! Die Wunde schmerzte, näßte und wollte nicht heilen. Ein schöner Veteranen-Verein waren wir da geworden.

Spät in der Nacht hinkten wir noch in eine nahegelegene Imbißstube, „Jack-in-the-Box", und aßen fettige Hamburgers, die unsere Leiden nur verstärkten.

Kurz hinter Colusa, wo wir beim netten, freundlichen Harley-Händler noch unsere Ölvorräte ergänzt hatten, fing meine FXE im Leerlauf an, ekelhaft zu schlagen. Klack – klack – klack – es hörte sich wieder nach Lagerschaden an. Ich kontrolliere ahnungslos das Getriebeöl, und da war – wie befürchtet – alles strohtrocken. Wo war das Getriebeöl geblieben?

Normalerweise merkt man den Verlust, wenn sich unter der Maschine am Morgen eine Öllache gebildet hat – aber bei mir war immer alles trocken. Ich kippte also bis zum Rand Öl nach und hoffte, daß sich alles wieder in Wohlgefallen auflösen würde. Tatsächlich, als wir am Clear-Lake vorbeikommen, war das ungute Geräusch weg. Der schöne See, der an den Comer See erinnert, erwies sich bei näherem Hinsehen als total mit grünen Algen verseucht – sie färbten sogar unsere Hände grün, als wir sie ins trübe Wasser tauchten.

Die Redwoods können bis zu 90 m hoch werden!

Wenig später waren wir in den Redwoods. Die gigantischen Wälder werden immer noch unvermindert abgeholzt. In Willits lagen die riesigen Stämme auf Halde und verströmten ihr einzigartiges Aroma. Sie wollten nicht sterben – überall wuchsen neue grüne Triebe aus den abgelagerten Bäumen. Wir fragten uns, wie lange man sich noch den Luxus leisten kann, in Häusern aus Redwoodholz zu wohnen, das niemals fault, den Tabakrauch tötet und alle Insekten fernhält.

Und dann sind wir die endlosen Serpentinen hinuntergeschwungen, fast 60 Kilometer immer abwärts, Linkskurve, Rechtskurve, Linkskurve, Rechtskurve, durch die Küstenwälder des Mendocino County bis zum Pazifik, der uns mit einer herben Kühle empfing.

So ist auch das Land hier – tiefgrüne Wiesen, die wie Kappen auf den sturmumtosten Klippen sitzen, knorrige Zypressen, deren vom Wind gezauste schwarze Äste alle landeinwärts starren, zarte Gräser und Schilfe, die sich im ewigen Westwind wiegen. In den wabernden Nebelbänken stehen nur wenige Häuser und heben sich kaum von ihrer Umgebung ab. Silbergraue Holzverschalungen, dezente Schiefer- und Schindeldächer, blaue oder weiße Fensterkreuze. Keine Industrie, keine geschäftigen Werften, nur einsame Natur und der kalte, rauhe Pazifik.

Abschied in San Francisco

Und jetzt sitzen wir hier bei Fort Bragg im schwarzen Sand zwischen gebleichten Baumstämmen und meterlangen, schlangenartigen Tangbündeln, die immer wieder von der anrollenden Brandungsgischt überspült werden. Wir haben den riesigen Kontinent durchquert und sein anderes Ende erreicht. Staunend verfolgen wir nochmals die Route auf der Karte, jetzt um die Entfernungen und wahren Verhältnisse wissend. Von unserer Basis in Mississippi sind wir hier am weitesten weg. Lixi wird es ganz anders.

„Mein Gott – und dahin müssen wir wieder zurück.“ Am besten, man denkt nach den ausgestandenen Strapazen lieber nicht daran.

Drei Tage bleiben wir hier. Das Wetter ist mild und sonnig. Der beschauliche Frieden und die ungestörte Ruhe tun uns spürbar gut. Wie die Kinder sitzen wir den ganzen Tag am Strand in der kleinen, stillen Bucht und spielen mit Algen und Wurzeln, bauen Sandburgen und planschen in der kalten Brandung. Wir beobachten die Millionen winziger Sandkrebse, die jeden Nachmittag an Land hüpfen, sich eingraben und von den wieselflinken Strandläufer-Vogel-Kolonnen wieder herausgepickt werden. Die restliche Zeit schlafen wir in der frischen Seeluft auf irgendeinem Felsen.

Wir hatten immer gedacht, es gebe keine Steigerung mehr von landschaftlichen Schönheiten und Naturschauspielen. Aber jetzt erleben wir Sonnenuntergänge, die alles bisher Gesehene in den Schatten stellen. Jeden Abend greift die hoch aufgischtende Brandung nach dem roten Glutball der Sonne, ohne ihn je verlöschen zu können, eine optische Vereinigung von Feuer und Wasser, bei der sich der Himmel purpurn färbt und zarte Wolken-

Wie Kinder spielen wir mit den meterlangen Tangbündeln

Die berühmte US-California Nr. 1 gewährt solche Ausblicke wie hier bei Mendocino

streifen wie goldflüssiges Metall in violettem Dunst schweben.

Am 1. Oktober machen wir uns auf den 250 Kilometer langen Weg nach San Francisco, immer entlang der rauhen Küste auf einer extrem kurvenreichen, gefährlichen Straße. Es ist die berühmte US-California Nr. 1, die „Coastline Scenic Highway", und sie fordert von uns alle Kräfte und Aufmerksamkeit.

Hier liegen, weit auseinandergezogen, kleine, versteckte Buchten und Fischerdörfer: Mendocino, Elk, Manchester Beach, Point Arena, Anchor Bay, Fort Ross, Salmon Creek, Bodega Bay. Schmugglernester und Piratenunterschlupfe waren das einmal, und so sehen sie auch heute noch aus.

Wer jemals nach Bodega Bay kommt, sollte nicht versäumen, die köstlichen, frischgeräucherten Fisch-Spezialitäten zu versuchen, die man dort zusammen mit den knusprigen französischen Weißbrotstangen über den Ladentisch kaufen und auf einem der Pfosten des kleinen Hafensteges mitten in einem Schwarm kreischender Möwen verzehren kann.

Doch bald sehen wir nichts mehr von der herben Schönheit der zerklüfteten Küstenlandschaft – dicker Nebel zieht vom Pazifik herauf und verringert die Sicht teilweise bis auf wenige Meter. Immer wieder tauchen bizarre Baumgruppen auf, und es sieht aus, als ob die über die Straße huschenden Nebelfetzen mit den vom Wind zerrissenen Ästen sich zu einem wilden Gespenstertanz vereinigen.

Die Straßenbeschilderung ist schlecht, doch plötzlich lesen wir „Sausalito". Und schon sind wir mitten im brausenden, sechsspurigen Verkehr, der sich auf der Interstate 101 San Francisco zuwälzt. Hinter einem hohen Felsen, über den Wolkenmassen wie ein Wasserfall herunterfließen, taucht undeutlich ein hoher Doppelturm auf – das muß die Golden-Gate-Brücke sein. Halb erfroren fahren wir kurz vorher zu einem kleinen Aussichtsplateau hoch. Dort pfeift der Wind und plustert unsere Regenanzüge knatternd auf. Die Golden Gate ist völlig in Nebel gehüllt, und nichts ist zu sehen von der märchenhaften Silhouette San Franciscos mit seinen Wolkenkratzern und Türmen. Von der Bay dringt nur Rauschen und das dumpfe Tuten der Nebelhörner herauf.

Die Stadt ist eine einzige Enttäuschung. Eine Nebeldecke liegt über ihr und macht sie grau und häßlich. Die berühmten steilen Straßen verlieren sich im Nichts. Trotzdem lassen wir es uns nicht nehmen, den rotgepflasterten Teil der Lombard Street mit dem 32-prozentigen Gefälle hinunterzufahren. Wie eine Achterbahn windet sie sich durch einen Wald von Blumentöpfen. Die Cable-Car fährt auch nicht – kein klirrendes Rattern unter dem eisernen Schlitz in den Straßen, in dem sonst das endlose Kabel über die unterirdischen Rollen flitzt. Das sonst so farbige und lebenslustige San Francisco bringt uns an den Rand der Trübsinnigkeit.

Jürgen ist besonders deprimiert, er muß uns hier verlassen, seine Reisezeit hat er sowieso schon beträchtlich überzogen. Wir fahren wieder in das Verkehrsgewühl hinein und suchen die Interstate 101 South, die am International Air Port San Bruno vorbeiführt. Die Verkehrsschilder sind verwirrend, zum erstenmal verfahren wir uns. Doch dabei erleben wir eine Szene, die uns mit San Francisco wieder versöhnt.

Gerade als wir in den trüben Straßenschluchten nach einer Abfahrt Ausschau halten, setzt sich eine schwere Vierzylinder-Kawa 1100 mit einem aus vier offenen Auspuffen röhrenden Motor neben uns. Darauf sitzt, im eleganten Brokat-Abendkleid, das bis über die Knie hochgerutscht ist, mit wehenden Haaren, die Füße in hochhackigen silbernen Pumps, eine kleine Frau, die beim nächsten Ampelgrün gewaltig am Gasgriff dreht und mit durchdrehendem Hinterrad, Qualmwolke und weithin hallendem Gedröhne im Verkehr verschwindet. Wir lachen uns an.

„Stark!" Wie ein Sonnenstrahl ist plötzlich der ganze Zauber dieser exzentrischen Stadt für einen Moment sichtbar geworden.

Traumstraße der Welt

Am nächsten Tag folgen wir – ohne Jürgen – der 101 Interstate weiter nach Süden, bis wir kurz vor Salinas auf die US 156 abbiegen, der kürzesten Verbindungsstraße zur Küste. Seit Stunden schon fahren wir an ausgedehnten Plantagen vorbei, die alle mit seltsamen grünen, spitzblättrigen Büscheln bewachsen sind. In Castroville erfahren wir dann, daß diese Gewächse Artischocken sind. Dort ist auch ein Einkaufszentrum, in dessen kleinem Restaurant diese Leckerbissen in allen Varianten angeboten werden: gegrillt, gekocht, gebacken, als Suppe, Salat oder mariniert. Für wenig Geld probieren wir alles durch und sind uns einig: mariniert in Essig und Öl schmecken sie am besten.

Gleich danach sind wir wieder auf der US California 1, die erst durch die Villenstädte und Prominentenviertel von Seaside, Monterey und Carmel geschleust wird – noch als Highway –, dann aber bald wieder normale Straße wird, einsam und von unglaublicher Schönheit. Immer wieder halten wir an, um diese unvergleichliche Landschaft mit der Kamera einzufangen.

Wir befinden uns auf dem berühmten Cabrillo-Highway – el Camino Real – oder, wie die Leute das hier mit verträumtem Blick nennen: „Big Sur", die Küste der Ausgeflippten, der Reichen, der Spinner, der Anti-Zivilisations-Gurus, „last frontier" – die letzte Grenze, in die man das weiße Betonband am Rande der senkrecht abfallenden Steilküste in die Felsen hineingebaut hat. Unten leuchtet der Pazifik in tiefem Blau, zwischen den Klippen wogen rotbraune Tangwälder, zwischen denen Seehunde und Seelöwen bellen und grunzen. Draußen in der blendenden diesigen Helle liegt nur der leere Horizont – sonst nichts. Die „Traumstraße der Welt!" Hundertfünfzig Kilometer immer am Pazifik entlang, ohne größere Orte, ohne Abzweigung, denn landeinwärts erstrecken sich nur unzugängliche Bergketten, über und durch die keine Straße führt. Wildnis, Einöden, Naturparks, dünn bewachsener Felsen – das (geographische) Ende Amerikas. Erst ab San Simeon verläuft die Küste etwas flacher, und die Berge sind weiter ins Land zurückgewichen. Häuser und kleine Parkanlagen tauchen auf. Weit hinten grüßen schon längere Zeit von einem Hügel zwei weiße verschnörkelte Türme herunter. Kloster – Kirche – Schloß? Nichts von dem – oder alles zusammen. Es ist die „Casa Blanca", im Volksmund „Hearst Castle" genannt.

Wir haben uns das Kulturmonster nicht entgehen lassen. Schon im Autobus, der die vielen Besucher in Fünfziger-Gruppen zu dem „National Monument" hinaufschleppt, erfahren wir die erstaunliche Geschichte.

Als Randolph W. Hearst, der amerikanische Zeitungskönig (der nie Steuern bezahlte, weil er der Ansicht war, Amerika sei er selbst), den Pariser Louvre leider nicht kaufen konnte, beschloß er,

Die Steilküste von „Big Sur"

alles, was an Altertümern mit Dollars zu bekommen war, in die USA zu transportieren, um der neuen Welt (und sich selbst natürlich) den wahren kulturellen Glanz zu verleihen. Als er nicht mehr wußte, wo er seine Schätze unterbringen sollte, beauftragte er eine junge Architektin, ihm dort eine Villa zu bauen, wo Amerika am schönsten und auch am unzugänglichsten war: an der

Küste Südkaliforniens. Diese beneidenswerte junge Dame schüttelte dann das abendländische Kulturgut kräftig durch und setzte es nach den Ideen des Sammlers wieder neu zusammen. Walt Disney ist harmlos dagegen.

So entstand der Alptraum aller Kunstliebhaber: ein belgisches Glockenspiel in maurischen Türmen, ein Eingangstor von einem spanischen Konvent; zu den ägyptischen Kopien im griechischen Tempelgarten führen barocke Freitreppen; der römische Mosaik-Swimmingpool wird von neugotischen Kandelabern beleuchtet; den Billardsaal schmücken französische Gobelins aus dem 14. Jahrhundert; im gotischen Rittersaal hängen italienische Renaissancestandarten an Kirchenfenstern über spanischem Chorgestühl.

Der Clou des Ganzen: auf der langen Ritter-Tafel stehen zwischen spätbarocken Kirchenleuchtern und silbernem Geschirr Coca Cola und eine Ketchup-Flasche. Präsidenten und Filmstars waren begeisterte Gäste (wir sehen es im Bordkino) – hier wurde große Politik gemacht. Eine Kompanie Staubwedler und Aufpolierer in Staatsdiensten hält das gigantische Denkmal in Schuß.

Zum Dank für dieses schweißtreibende Kulturerlebnis kaufen mir Lixi und Jochen im gut bestückten Andenkenladen als passende Erinnerung einen Doppelhand-Rückenkratzer in leuchtendem Lila aus echt Plastik mit der goldenen Aufschrift „Hearst Castle Inventar".

Nach der Hearst-Castle-Tour schaffen wir es an diesem Tag nur bis Santa Barbara, dem geruhsamen Hafenstädtchen voll südländischem Charme. Am nächsten Morgen ist es kühl und vor allem neblig. Aber statt sich aufzulösen, wird der Nebel immer dichter. Schon bei Geschwindigkeiten von nur 30 Stundenkilometern wird das Fahren zum unkalkulierbaren Risiko. Wie feiner Sprühregen schlägt sich der „heavy fog" auf den Brillengläsern nieder, die wir ständig mit den fettigen Lederhandschuhen abwischen, was die Sicht auch nicht verbessert. Fett und Wasser auf der Brille verschmiert und dazu knapp 20 Meter Sicht, das kann nicht lange

„Hearst Castle“

Römische Mosaiken im Swimmingpool

gutgehen bei dem dichten Interstate-Verkehr. Jede Meile wird zur Fast-Katastrophe. Über uns ist es blendend hell, der Bodennebel wird dagegen immer dichter – Grund genug, in Ventura rauszufahren und abzuwarten. Verblüfft stellen wir fest, daß es in Kalifornien Wetterverhältnisse gibt, bei denen man nicht mehr Motorrad fahren kann.

Gegen 11 Uhr ist es dann endlich klar, und wir fahren weiter nach Malibu Beach, wo wir eine kurze Pause einlegen. Bei der Gelegenheit klagt Lixi über Schmerzen im Bein. Die Wunde ist immer noch offen. Da fällt mir ein altes Rezept meiner Mutter ein: Babypuder für offene Wunden. So kaufe ich rasch eine Dose Babypuder und streue ihn auf die bös aussehende, eiternde Wunde, in der Hoffnung, daß das Mittel wirkt.

Wo Amerika am amerikanischsten ist

Wenige Meilen nach Malibu, fast schon im Stadtteil Santa Monica, biegt der Sunset Boulevard nach Beverly Hills ab. Zuerst ist er eine kurvenreiche Auffahrt zu den mit Pinien-, Zypressen-, Oleander- und Eukalyptushainen bewachsenen Villenhügeln und wird dann zu einer großen Straße, die Los Angeles durchschneidet, das sich rechter Hand als ein bis zum Horizont reichendes Häusermeer ausbreitet. Hunderte von Kilometern nur Stadt, das ist schon atemberaubend und bedrückend zugleich.

Mitten in Hollywood (häßlich, schmutzig, grell und verbaut) hakt in der größten Mittagshitze meine Hinterbremse wieder fest, und meine FXE bleibt mit dem schon bekannten ekelhaften Ruck im dichtesten Stadtverkehr stehen. Um ein Haar wäre mir Jochen hinten draufgefahren, der dicht hinter mir gerade die aufreizenden Reklamen betrachet hatte. Wir wuchten die zehn Zentner an den

Straßenrand, und ich schraube wieder das Gestänge auf. Der salzige Schweiß rinnt mir in Strömen übers Gesicht. Meine Auswahl an Flüchen reicht nicht für meinen Zorn.

Ich verwünsche die strapaziösen Stadtdurchfahrten mit Staus und Ampeln und sehne mich wieder in die menschenleere Einsamkeit des offenen Landes zurück. Aber da geht nichts – jetzt sind nun mal die touristischen Pflichtübungen dran.

Da wären zunächst die Universal-Filmstudios, die wir auf einer zweistündigen Rundfahrt mit ihren Studios, Kulissen und Effekten kennenlernen. Aber die Western-Stunt-Show war das einzige, was uns Spaß machte. Zu jeder vollen Stunde fallen Tote vom Dach, Lebende verschwinden im Treibsand, geschossen wird pausenlos und mit großem Geknalle.

An der Interstate 101 finden wir ein Motel. Das freundliche Ehepaar im Office macht sich Sorgen um unsere Harleys.

„Nehmt alles mit aufs Zimmer und schließt die Motorräder gut ab, hier wird alles gestohlen, wirklich, einfach alles, hier ist eben Hollywood, you know!" Und dann folgen nicht enden wollende Schauermärchen von Banden, die ganze Parkplätze voll Autos abgeräumt haben und selbst vor Lastwagen und Flugzeugen nicht zurückschreckten.

Sie geben uns für 30 Dollar ihr bestes Zimmer, und wir stellen unsere drei Motorräder, dick mit Ketten umwickelt, direkt unter dem Fenster des Nachtportiers im Innenhof ab. Wieviel Trinkgeld soll man nun geben, damit die Maschinen am nächsten Morgen noch dastehen? Wir einigen uns auf 5 Dollar. Es scheint der richtige Betrag gewesen zu sein.

Wir schlafen kaum und rennen bei jedem Geräusch ans Fenster. Über die schlaflose Nacht trösten uns am nächsten Morgen im billigen Schnellimbiß um die Ecke die besten „home-made" Bratkartoffeln mit Spiegelei hinweg, die wir je in den USA bekommen haben. Und noch eine freudige Überraschung: Lixis Wunde ist über Nacht geheilt.

Auf der Interstate 5 fahren wir dann die 60 km hinunter zum Disneyland in Anaheim. Nach fünf Stunden haben wir auch das geschafft. Trotz allem „Die-Welt-ist-gut-und-schön"-Rummel sind wir uns aber einig: das vollelektronisch perfekt programmierte Plastikparadies ist viel menschlicher und erfreulicher, als wir erwartet hatten und hinterläßt doch einen tiefen Eindruck. Die Sehnsucht nach der Welt, wie sie eigentlich sein und wie man in ihr zusammenleben sollte, steht wie eine unsichtbare Mahnung über all der bunten Tier- und Märchenwelt geschrieben. Walt Disney hat meiner Meinung nach recht gehabt: Amerika braucht wohl solche Glücks-Batterien, um sich selbst daran wieder positiv aufzuladen.

Die Wirklichkeit, speziell für uns Motorradfahrer, sieht aber doch etwas anders aus.

In Santa Ana bringen wir in aller Frühe unsere Maschinen zur Harley-Werkstatt, um sie durchsehen zu lassen. Besonders meine Bremsanlage hat es nötig und Lixis FLH, die immer noch im Leerlauf ausgeht (oder zu hoch dreht) und auch sonst ein wenig stottert. Die Werkstatt hat fast nichts zu tun, und fünf Mechaniker vertreiben sich die Zeit mit allem möglichen, nur nicht mit unseren Motorrädern. Wir warten bis 16 Uhr und zahlen 55 Dollar. Ich komme dabei mit dem Boß ins Gespräch. Er ist der Meinung, daß es bei Harley-Fahrern nicht üblich ist, Service machen zu lassen. Man holt sich seine Teile und baut dann selber. Aber wenn Service – dann ist der eben nur so gut, wie der Mechaniker, der ihn durchführt. Aber obwohl sich hier die Mechaniker sehr intensiv um unsere Motorräder bemüht haben und wir auch zuschauen durften, laufen sie, wie so oft nach einer Überholung, schlechter als zuvor. Ausgerechnet beim pedantischen Jochen hat der Motor innerhalb der nächsten dreißig Meilen einige unschöne Aussetzer. Also wieder zurück zum Harley-Händler. Dieser setzt sich drauf und braust mit der FXE über den Highway. Danach meint er trocken: „Hinteres Auslaßventil – dauert einen Tag!"

Klein-Neuschwanstein, das Eingangstor zu Disneyland

„Ist es sehr gefährlich?"

Gequälter Blick. „Wenn du den Motor nicht hochdrehst, wird er's überleben."

Es ist inzwischen fünf Uhr nachmittag geworden, und morgen ist Sonntag. Also lassen wir es. Außerdem glauben wir dem Harley-Spezialisten nicht. Hinteres Auslaßventil – einfach lachhaft! Das Entlüftungsloch vom Tankverschluß wird es sein, tippen wir. Grundlegender Denkfehler: der Benzintank hat einen Überlaufschlauch und also immer Druckausgleich. Aber wir fahren mit Vorsicht, und die Aussetzer bei Jochen werden tatsächlich weniger und harmloser. Doch ein gewisses Unbehagen bleibt. Inzwischen nehmen wir nämlich bereits kleinste Veränderungen beim Motorengeräusch oder bei den Fahreigenschaften wahr und bekommen immer sofort einen Mordsschrecken, wenn nicht alles so rattert, klappert, rauscht und rüttelt wie bisher.

Zwei Stunden später sind wir in San Diego und suchen vergeblich ein Motelzimmer. Am Samstagabend fährt alles ans Meer. Selbst die größten Hotelburgen grüßen uns hämisch mit dem rot leuchtenden „no vacancy". Endlich, in La Jolla, kommen wir in dem feudalen, exklusiven Golfer-Hotel „Terry Pines Inn" unter. Für 48 Dollar sind wir auch als dreckige Motorradfahrer ebenso herzlich willkommen wie der Seidenhemden tragende Millionär. In dem pikfeinen Restaurant, wo die Gäste im Smoking dinieren und die Ober im kardinalroten Frack herumschweben, nimmt niemand Anstoß an unseren geflickten Jeans. Wir trauen uns allerdings nur eine Zwiebelsuppe zu essen – ein Steak, das soviel kostet wie viermal übernachten, geht gegen unsere Motorradfahrer-Prinzipien.

Der Sonntag ist auch hier ein typischer Sonntag, langweilig und mit betulichen Spaziergängen ausgefüllt. Wir absolvieren sie in dem Meeresgetier-Zirkus „Sea World", wo es Fisch frisch und gebraten gibt. Die frischen sind uns lieber – vor allem die Delphine (die natürlich keine Fische sind!). Sie lassen sich füttern und

Delphine füttern macht am meisten Spaß

streicheln, grunzen und quieken (über Unterwassermikrofone) und spritzen arrogante Besucher treffsicher naß. Das Übrige sind gut gemachte Dressur-Shows in ozeanischen Freigehegen, reich garniert mit Aquarien, Überwasser- und Unterwasserdarbietungen, Wasserfontänen-Lichtorgel, lebendigen Haien hinter Panzerglas, Balugas und Meerjungfrauen, Killerwalen, Seeottern, Riesenrochen – alles da und „full in action".

Das Glück, allein zu sein

Die Wüste hat uns wieder! Es ist wie eine große herrliche Befreiung aus Enge und krabbeligen, wabbeligen Menschenmassen. Die Interstate 8 führt direkt von der „Sea-World" durch San Diego nach Osten. Beinahe hätten wir kein Benzin mehr bekommen, denn ehe man es sich's versieht, ist die Stadt zu Ende und die Tankstellen hören auf; so müssen wir noch mal zurückfahren.

Aber dann – nur weites Hügelland, heiß, einsam und von Meile zu Meile karstiger und wilder. Richtung Osten, also landeinwärts, kein Verkehr mehr. Wer fährt schon am Sonntagnachmittag in die Einsamkeit, hinter der nichts anderes wartet als wieder nur Einsamkeit? Fast 5000 Kilometer Highway liegen vor uns. Doch diese Strecke schreckt uns jetzt nicht mehr – im Gegenteil. Wir genießen wieder das Gefühl von Unabhängigkeit und Freiheit, wie immer, wenn wir die leere Straße als endloses Band vor uns haben.

In weitem Bogen führt die Interstate 8 über kühle, felsige Pässe hinunter in eine gewaltige Ebene, die sich am fernen Horizont verliert; durch die Maja zum Imperial-Valley der Mojave-Wüste. 180 Kilometer bis El Centro. Die Temperatur steigt wieder auf 45 Grad an.

El Centro ist eine weitläufige grüne Oase in der sandigen Wüste. Das hat sie dem panamerikanischen Kanal zu verdanken,

Auf der Interstate 8 Richtung Osten

der aus dem Unterlauf des Colorado entstanden ist und der hier alles Land bewässert. Ringsum Tomaten, Salat, Gurken, Erbsenfelder, soweit ich das beim Vorbeifahren erkennen kann. Sonderbare Maschinen krabbeln und stelzen mit vorsichtigen Bewegungen wie metallene Käfer in ihnen herum.

Auch der COA-Campground ist eine grüne Wiese, und zum erstenmal nach langer Zeit breiten wir wieder unsere Schlafsäcke auf einem weichen Rasenteppich aus. Es ist alles da: Licht, Wasser, ein überdachtes Eßplätzchen und der Grillofen. Das Wasser im Swimmingpool ist lauwarm. In der milden, süß duftenden Nacht, in der immer noch gute 35 Grad herrschen, brutzeln wir herrlich saftige Steaks, die wir noch in El Centro für ein paar Dollar mitgenommen hatten. Dazu gibt es „Löwenbräu“-bottles aus dem COA-Kühlschrank. Rings um unsere Motorräder breitet sich schnell das übliche Camp-Chaos aus. Tüten, Werkzeug, Wäsche, Schuhe, Kameras, Andenken, Landkarten, Dosen und verklebte Plastikpäckchen. Bis nach Mitternacht sind wir am Kochen und Sortieren. Dann lassen wir alles stehen und liegen und legen uns satt und glücklich ins Gras.

Man kann schlecht schlafen in so einer Nacht. Der Blick geht nach oben zu den hellen Sternen, der laue Wind wispert in den Blättern, und ab und zu wird die Stille durch das Motorengeräusch eines auf der nahen Interstate vorbeifahrenden Lastzuges unterbrochen, das sich in der Stille und Dunkelheit überlaut verstärkt. Dann singen wieder nur die Zikaden im Dauerchor. Lixi raucht noch, Jochen schmatzt an einem saftigen Pfirsich, ich knabbere Erdnüsse, dann werden wir langsam müde und schweben übergangslos ins Traumland. Nur die Moskitos stechen in alles, was aus dem Schlafsack herausschaut.

Montag, 8. Oktober. Obwohl wir bei dem warmen Wetter schon vor Sonnenaufgang munter sind, dauert es doch mit dem Einpacken und Versorgen der Motorräder bis halb zehn, bevor wir –

Die abgeerntete Baumwolle wird zu meterhohen Ballen gepreßt

wie immer die letzten auf dem Campground – endlich losfahren können. Die Grenze ist nur rund 50 km von hier entfernt, laut Karte sollen dort die berühmten Kakteen wachsen, die so typisch für Mexiko sind. Wir sehen noch schnell beim Harley-Händler vorbei, der sich samt seiner Mannschaft die Gelegenheit zu einem Gruppenfoto mit den „crazy Germans" nicht entgehen läßt.

Bis zur mexikanischen Grenze fahren wir dann durch lange Baumwollfelder, die alle schon abgeerntet sind. In meterhohe Ballen gestapelt, warten die gepreßten Wollwürfel neben der Straße auf den Abtransport – willkommener Hintergrund für Erinnerungsfotos. Ohne Probleme werden wir dann in San Luis durchgewinkt. Ein buntes, fröhliches, langgezogenes Straßendörfchen begleitet uns bis dorthin, wo die mexikanische Staatsstraße Nr. 2 dicht neben der Grenze wieder in die Wüste läuft. Tempolimits sind hier überflüssig, die Geschwindigkeit wird ausschließlich durch Schlaglöcher und Risse im Belag reguliert. Von Kakteen keine Spur, da müssen wir erst noch einige Stunden durch menschenleeres Ödland fahren.

Aber mitten in der Einsamkeit gibt es ein kleines Straßencafé. Mit Tankstelle und ausgezeichnetem Bier, starkem Kaffee und billigem, gutem Essen. Zunächst sind die Bedienung und einige schläfrige Gäste recht reserviert, aber als sie merken, daß wir Deutsche sind, tauen sie schnell auf und bestaunen uns und unsere Motorräder. Amerikaner, „Gringos", mögen sie nicht so sehr. Mit vielen herzlichen „adios" werden wir zum Schluß von Landarbeitern und Lastwagenfahrern verabschiedet.

Und dann sehen wir sie schon von ferne – wie kleine Männchen grüßen uns mit hochgereckten Armen die ersten Saguaro-Kakteen, noch vereinzelt, dann immer mehr. Bald stehen sie wie eine erstarrte Zuschauermenge überall auf Hügeln und in Senken um uns herum.

Die Saguaro-Kakteen bilden unser stummes Publikum

Abendlicher Zauber

Es ist ein langer Weg nach Sonoita, dem nächsten mexikanischen Grenzdorf, wo wir gegen 17 Uhr eintreffen und ohne weitere Formalitäten wieder bei Lukeville in die USA einfahren. Dort beginnt gleich das „Organpipe cactus national monument" (Orgelpfeifen-Kaktus-Nationaldenkmal). Es sind die gleichen Saguaros wie in Mexiko, nur stehen sie hier besonders dicht und in den seltsamsten Verwachsungen – verschlungen, verknotet, armeschwingend und händeringend. In der Nacht mag das recht unheimlich aussehen.

Nach 50 Kilometern auf der stillen US 85 sehen wir in einem flachen Bergkessel ein paar Baracken: der Ort trägt den lustigen Namen „Why" (Warum). Dort zweigt die US 86 ostwärts durch das Papagos-Indianerreservat nach Tucson ab. Es fällt uns schwer, diesen 220 km langen Weg nicht einzuschlagen, aber wir würden nach wenigen Meilen unweigerlich in die Finsternis geraten, von der schönen Landschaft nichts sehen und kaum vor Mitternacht in Tucson sein. Wir bleiben also auf der US 85 Nord.

Gerade als die blausamtene Nacht über dem menschenleeren Bergland hereinbricht, taucht die berühmte Bergwerkstadt Ajo wie eine Vision von einem außerirdischen Planeten auf: tausend glitzernde, blinkende glühende blau-weiß-grüne Lichtpünktchen erwecken die dunklen gewaltigen Hallen-Massen der „Phelps Dogde"-Kupfermine zu einem unwirklichen Leben. Wie Spielzeuge rollen Kipplaster und Autos hin und her, darüber wehen zarte Rauchfahnen in den violetten nachtklaren Abendhimmel. Filigrangliedrige Fördertürme und Transportbänder vervollständigen den traumhaften Anblick. Wir sind genau im richtigen Augenblick gekommen. Wenig später verwandelt die Dunkelheit die Vision in eine ganz normale Industrieanlage bei Nacht.

Zu Ehren der deutschen Gäste wird die schwarzrotgoldene Flagge gehißt!

Aber Ajo hält noch mehr Überraschungen für uns bereit. Etwas außerhalb finden wir das kleine, jedoch komfortable „Marine Motel", und die Besitzer sind ganz begeistert, als sie hören, daß wir aus Deutschland kommen. Sie erzählen uns viel Interessantes über Ajo, und am nächsten Morgen darf Lixi in der strahlenden Sonne die sorgfältig aufbewahrte schwarzrotgoldene Bundesflagge am Fahnenmast hochziehen. Der Hotelier steht stolz daneben, Germans are here, see!

Die Vögel des Krieges

Fast drei Stunden brauchen wir, bis die vielen Bergketten und Kakteenfelder hinter uns liegen und wir uns der Riesenstadt Tucson nähern. Hier soll irgendwo der größte Flugzeugfriedhof der Welt sein, auf dem ziviler und militärischer Luftfahrtschrott im Wert von über 10 Milliarden Dollar sowohl auf Abwrackung wie auf eventuelle Wiederverwendung wartet.

An einer winzigen Privatpiste kurz vor Tucson fragen wir einen, der so aussieht, als verstehe er was davon. Joe, der sich auch in der größten Hitze nicht von seiner seidenen, pelzbesetzten Fliegerjacke trennt, fördert eilfertig eine Menge Papier zutage und erklärt dann: „Fahrt auf die Interstate 10 und nehmt dann die Ausfahrt Wilmot Road Nord, nach zwei Meilen seht ihr ihn schon!"

Er stopft Flugpläne, Landkarten, Scheckformulare, Kredit- und Visitenkarten wieder in die zahlreichen Anoraktaschen zurück. Als wir unsere Maschinen anwerfen, ruft er uns noch nach: „Den Schrottplatz könnt ihr vergessen, aber versäumt das ‚Pima air museum' nicht!"

Freudiges Wiedersehen mit der Interstate 10. Auch wenn sie hier noch die langen unbekannten Wüstengebiete durchqueren muß, so ist sie doch so etwas wie ein Stück Heimat für uns.

Der ganze Norden von Tucson bis zur blaugrau aufragenden Bergkette der Santa Catalina Mountains ist im Grunde ein einziges riesiges Flugfeld. Es ist die „Davis Monthan Air Force Base".

Kurz davor ein hoher, langer Drahtzaun und dahinter – in endlosen Reihen, zusammengesackt, ausgeweidet, auf dem Bauch liegend, amputiert und mit Roststreifen verunstaltet: Amerikas fliegende Macht und Herrlichkeit – oder besser, was von ihr übrigblieb. Eine morbide Armada aller nur denkbaren Flugzeugtypen und -firmen. Aber was verstehen wir schon von ausrangierten Bombern, eingemotteten Transportern und zerpflückten Hubschraubern, denen nach allen Seiten die Eingeweide heraushängen?

Staunend betrachten wir die tiefgestaffelten Reihen der metallenen Vögel bis in die Ferne des leblosen Sandplatzes. Das unscheinbare Schildchen linker Hand hätten wir beinahe übersehen.

Das „Pima air museum" ist eine private Stiftung von Luftfahrt-

Eins der ausrangierten Flugzeuge der „Davis Monthan Air Force Base"

fans und Gönnern (Jahresbeitrag zwischen 10 und 1000 Dollar, von der Steuer absetzbar), und einige der interessantesten Ausstellungsstücke haben sie sich gleich von dem gegenüberliegenden Schrottplatz geholt. Viel Technik und noch mehr Glanz und Gloria aus vergangenen Kriegszeiten stehen da sorgfältig restauriert und beschriftet auf dem glühendheißen Betonfeld. Gleich am Eingang die Luxusausführung der DC 6, die von John F. Kennedy als inneramerikanische Präsidentenresidenz benützt wurde, dahinter rund hundert nicht minder berühmte Flugzeuge. Jedes von ihnen hat eine lange und vielfach mit Blut geschriebene Geschichte, die zum großen Teil längst aus den Annalen der Kriegsgeschichte in die Literatur hinübergewechselt ist. Da ist die Grumman „Hellcat"-Story, da ist das erste Raketentestflugzeug Bell X-15, das in seinem dunkelblauen Hitzeschild wie eine bösartige Libelle aussieht, oder der jahrelang als Hauptstütze der strategischen Luftflotte verwendete B-29 Atombomber, dessen zersplitterte Scheiben und zerschossene Armaturen man als Triumph einer geglückten Heimkehr so belassen hat. Aber in der sengenden Sonne befällt uns doch ein beklemmendes Gefühl. All die toten Flugzeuge erinnern plötzlich an die erstarrten leeren Hüllen riesiger Urwelt-Insekten, die einmal ihr Gift versprüht haben.

Amerikanische Gastfreundschaft

Jochens FXE macht mir immer mehr Sorgen. Die Aussetzer kommen immer häufiger und immer länger, es hört sich nicht mehr sehr harmlos an. Unser nächstes Ziel ist die historische Westernstadt Tombstone. Sie liegt etwa 40 km südlich der Interstate 10 in einem sehr heißen, aber rauhen und wüstenähnlichen Bergland. Bevor wir in Benson dorthin abbiegen, fahren wir zu einer Telefonzelle und sehen in den „Yellow-Pages" (dem Branchen-Verzeichnis) nach, wo die nächste Harley-Werkstatt ist. Wir haben Glück – gar nicht weit von Tombstone, in Sierra Vista, fast schon an der mexikanischen Grenze, gibt es einen Red Hartman. Zur Sicherheit rufen wir an, ob auch jemand da ist, denn es ist uns schon passiert, daß trotz aller Telefonbuchreklame manches Geschäft schon jahrelang nicht mehr existierte (so in Galveston/Texas).

Eine freundliche Frauenstimme meldet sich.

„O. k. – wir erwarten euch!"

Es ist schon gut sechs Uhr, und eine gute halbe Stunde später fahren wir in das hübsche, hanggelegene Städtchen ein, das man schon so lange als Ansammlung winziger weißer Punkte zwischen blauen Bergketten und karstigen Ebenen hervorleuchten sieht. Der Ort entpuppt sich als moderne und weitläufige Flachbausiedlung, in der alles vorhanden ist, was das amerikanische Leben so einfach, bequem und angenehm macht: Supermärkte, McDonalds, Restaurants, Motels, Einkaufszentren und riesige Parkplätze. Die üblichen bunten Lichtreklamen wetteifern auf dem breiten „Fry-Boulevard" mit dem farbenprächtigen Abendrot, bis sie dann endgültig in der lauwarmen Nacht die Herrschaft übernehmen. Und hier ist auch Red Hartman zu finden. Im weißen Overall begrüßt er uns wie alte Bekannte in seinem Geschäft, das noch im Bau ist. Zwischen Bergen von Kartons und Prospekten taucht seine resolute Ehehälfte Florence auf – die freundliche Stimme am Telefon. Sie schüttelt uns begeistert die Hände – Harley-Touristen aus Germany!

„Dürfen wir euch zum Supper einladen?"

Wir sind ein bißchen in Sorge wegen Jochens FXE.

„Da macht euch mal keine Gedanken, die nehmen wir uns gleich morgen früh vor!"

Wir erzählen Red beim Abendessen in einem erstklassigen Lokal aber doch noch von den seltsamen Aussetzern.

„Was ist sie denn für ein Baujahr?"

Das Ehepaar Hartman

„Muß 'ne 1979 sein!"

Red strahlt über das ganze Gesicht. „Kein Problem, das ist das hintere Auslaßventil – ich zeig's euch morgen!"

Langsam merken wir, daß wir es bei aller Unkompliziertheit (Red hat sich nicht mal umgezogen) mit berühmten Leuten zu tun haben. Florence war viele Jahre Präsidentin der „Motor Maids" – der Vereinigung Harley fahrender Damen – und hat mit ihrer eigenen Maschine öfters den weiten Weg nach Milwaukee ins Werk gemacht, wo sie gut bekannt ist. Red kennt bei Harley alle „guys" bis zur obersten Direktionsetage persönlich.

Die Ober sausen und schleppen immer neue Gänge heran, der Geschäftsführer schenkt den Wein persönlich ein, ausgesucht hübsche Serviererinnen setzen ihr strahlendstes Reklamelächeln auf – Mr. Hartman hält Hof. Uns wird ein wenig blümerant, als der smarte Red spät am Abend ein paar dicke Scheine an der Kasse hinblättert und zwanzig Dollar Trinkgeld verteilt. Was wird da wohl unsere Reparatur kosten?

Zum Glück ist das „Motel 6" billig, das uns Red gleich empfohlen hatte – 18 Dollar für ein erstklassiges Zimmer, so günstig waren wir schon lange nicht mehr untergekommen.

In der Hochburg des Wilden Westens

Tombstone (Grabstein) liegt gleich „um die Ecke". 20 Kilometer staubige Landstraße durch das karstige Cochise-County, dann erreichen wir die wohl bekannteste Westernstadt der USA. Hier fand vor genau 99 Jahren jene Schießerei statt, die Tombstone nicht nur berüchtigt, sondern auch berühmt machte: In dem unansehnlichen Hinterhof des O.K.-Corrals lieferten sich Wyatt Earp, Deputy Marshal von Dodge City, und sein Revolverheld-

Wyatt Earp und Doc Holliday nehmen Lixi in ihre Mitte

Freund Doc Holliday mit den Clanton-Brüdern eine Schießerei. Nach einer Minute war die wilde Ballerei vorbei – vier Tote und vier Schwerverletzte lagen im Pferdemist, und der „Tombstone Epitaph“ hatte wieder mal seine „Mord-Schlagzeile“. Sheriff Behan erließ einen Steckbrief für Doc Holliday und Wyatt Earp, über den nicht nur die beiden im örtlichen Saloon herzlich lachten – man kann ihn heute noch (frisch nachgedruckt) kaufen. Alle Beteiligten dieses „gunfight“ stehen jetzt als lebensechte Pappkameraden in ihrer tödlichen Schußposition zwischen den Holz- und Lehmziegelwänden des O.K.-Corrals. Wahrscheinlich wäre das verschlafene Bretterdorf in der heißesten Gegend Südarizonas, wo es mehr Skorpione, Schlangen und Stinktiere gibt als anderswo, längst zu einer unbekannten „ghost town“ verfallen, hätten nicht geschäftstüchtige Journalisten, Literaten und vor allem die Filmindustrie Gefallen an der brutalen, aber durchaus üblichen Lokalfehde gefunden und das Nest zum Urbild aller bösen Western-Citys hochstilisiert.

Wir stellen unsere Motorräder vor das Geländer des plüschigen „Crystal-Palace“-Saloons und trinken an dem riesigen Renommiertresen ein kühles Bierchen, wie es an gleicher Stelle, nur hundert Jahre früher, die beiden „gunfighters“ ebenso taten, was uns mit einem prickelnden Gefühl der Ehrfurcht erfüllt. Hier wurde alles sorgfältig im Originalzustand belassen und liebevoll gepflegt. Die heutigen Einwohner leben vom Fremdenverkehr und haben sich alle ein wenig auf „Westernstyle“ kostümiert. Nur die Bärte sind echt. Natürlich hat sich längst Coca Cola, die T-Shirt-Industrie und das Credit-Card-Gewerbe der Westernidylle bemächtigt, aber man hat alles Neuzeitliche pietätvoll hinter und unter die Theken verbannt. Nur draußen auf der sonnendurchglühten Main Street ist nicht mehr alles so wie zu alten Zeiten. Vergeblich bemüht sich die schwankende rote „stage coach“ von Wells Fargo zwischen den unvermeidlich chromblitzenden Limousinen um ein besseres Image der allgegenwärtigen Vergangenheit. Aber in Wirklichkeit ist fast jedes Haus ein kleines Museum und vollgepackt mit den verstaubten Resten einer harten Zeit, die erst durch ihre Legenden groß geworden ist. Aus der Nähe besehen erweist sich der Wilde Westen wieder mal als armselig, primitiv und ohne seine vielbesungene Romantik.

Was von den sagenumwobenen Helden übrigblieb, ist kaum des Ansehens wert – ein paar rohe, handbeschriftete Holzbretter, die unordentlich zwischen dürren Buckhorn- und Ocotillosträuchern auf einem ungezäunten, kahlen Hügel voller Steine stecken – dem „Boothill"-Friedhof. Der nächste Sandsturm wird sie sicherlich endgültig zuwehen.

Am Nachmittag sind wir wieder bei Red Hartman. Jochens Harley ist total zerlegt, der Motor nur noch ein jammervolles Gewirr von Kabeln, Schläuchen, Schrauben, Bolzen und Halterungen. Red hat sich höchstpersönlich den Zylinderkopf vorgenommen.

„Meine Güte, was habt ihr bloß für Benzin getankt?"

Er kratzt am inneren Brennraum herum, der mit einer dicken, häßlichen und harten Rußkohleschicht verkrustet ist.

„Na, fast immer Super – oder wir haben den Zusatz reingeschüttet."

Red schüttelt kummervoll seinen grauen Wuschelkopf.

„Ja, ja, es ist eine Schande, was die Tankstellen heute alles als ‚premium' verkaufen – wir kennen das schon, aber die meisten sind froh, wenn sie überhaupt noch mit genügend Sprit beliefert werden, und lassen sich eben alle Tanks mit dem vollmachen, was gerade zu haben ist, das wird dann lustig als das verkauft, was auf den Zapfsäulen draufsteht!"

Er hält Jochen das klobige Metallstück hin, in dem die Ventile stecken.

„Fühl mal!"

Das Ventil läßt sich kaum in seiner Führung hin- und herschieben.

„Ist auch wieder so 'ne Schlamperei vom Werk – die haben bei diesem Modell eine neue Metallegierung für die Ventilführungen genommen, die sich in der Hitze nicht ausdehnt. Da drinnen ist's nämlich rotglühend, wenn der Motor läuft."

Red zieht uns in sein Büro und kramt aus dem Umzugs-Verhau mit sicherem Griff einen Bogen Papier heraus. „Hier – jeder Händler wurde davon benachrichtigt – nur Werkzeug zum Aufbohren haben sie vergessen. Und die Ventilfedern sind auch zu schwach – alles Murks und Pfusch heutzutage!"

Er erklärt uns genau, was passiert. Durch das schlechte Benzin verkokelt der Brennraum, wird dadurch etwas höher verdichtet und setzt eine Kettenreaktion von Fehlern in Gang. Der Brennraum erhitzt sich stärker, durch die spröde Ventilführung klemmt das heißere Auslaßventil, die zu schwache Feder kann es nicht mehr schnell genug schließen, der Motor hat keine Kompression mehr, setzt aus und erst, wenn er etwas abkühlt, zieht die lahme Feder das Ventil wieder zu. Hat man Pech und gerade zu hohe Drehzahlen drauf, schlägt das Einlaßventil wie ein Preßlufthammer auf den im Brennraum „hängengebliebenen" Auslaßventilteller, der sich dabei verbiegen oder brechen kann.

Aber Red hat jedes Werkzeug da. Mit einer Spezial-Ahle reibt er gefühlvoll die Ventilführung größer, und auf der Drehbank zieht er mit feinstem Schmirgelleinen den Ventilschaft ab. Immer wieder mißt und probiert er. Dann fällt das Ventil satt durch seinen Schaft, und Red ist zufrieden. Den Rest darf Jack, sein Chefmechaniker, zusammenschrauben.

„Und heute abend steigt bei mir eine Party für euch!"

„Red – aber bitte erst die Rechnung!"

„O. k. – ich brauch bloß 'ne Unterschrift – geht alles kostenlos auf Garantie!"

Wir sind völlig verdattert.

„Red, ihr habt doch stundenlang gearbeitet!"

„Ich komm mit den Brüdern schon klar, wenn ich mir überlege, was ihr mit den Maschinen alles durchgemacht habt, müßten die euch den Kaufpreis auszahlen!"

„Lieber, guter Red – deine Hilfsbereitschaft in allen Ehren, aber wir sind nicht ganz mittellos – also sag schon, was du bekommst!"

„Na schön, dann zahlt ihr mir die drei Liter Öl, die ich gewechselt habe. Das ist nämlich auch mal nötig gewesen."

Richtig, wir hatten ja nie Ölwechsel gemacht!

Erst viel später sollten wir feststellen, daß Red noch eine ganze Menge anderer Schlampereien stillschweigend in Ordnung gebracht hatte.

Die Party ist eine lockere häusliche Grillfete und wird mit viel Liebe vorbereitet. Florence hat Berge von Steaks eingekauft und viele Schüsseln mit köstlichen Salaten gemacht. Dazu gibt's Bier, Wein und „softdrinks" sowie Knabber-Gebäck, hausgemachte Semmeln und Dessert aus dem unerschöpflichen Eistopf.

Am nächsten Morgen stehen wir nach einem ausgezeichneten Frühstück im gegenüberliegenden „Egg Pan" (Eierpfanne) aufgepackt und startbereit vor unserem Motel. Nur Lixis FLH will nicht anspringen – die Batterie ist leer. Verdammt – was tun? Noch mal zu Red Hartman zurück, nachsehen, nachladen? Dann kommen wir wieder nicht weiter, und langsam packt uns das Reisefieber.

Wahrscheinlich hat das Licht die Nacht über gebrannt (der Zündschlüssel steckte nämlich), und wir hoffen, daß sich die Batterie im Laufe der Fahrt wieder auflädt. Wir verfluchen die neuen Harleys, die keinen Kickstarter mehr haben und schieben den Achtzentnerbrocken an. Also, ab geht es!

Straße ohne Ende

Wir sind nunmehr endgültig auf dem Heimweg. 2500 km liegen noch vor uns, und im Laufe der vielen Tage, die wir von morgens bis abends auf der Interstate verbringen, entwickeln wir eine Art persönliches Verhältnis zu dieser Straße, empfinden sie in gewissem Sinne als unser Zuhause.

In der Frühe haben wir die langsam höher steigende Sonne vor uns, am Abend unseren immer länger werdenden Schatten, den wir den Tag über in der glühenden Hitze stets auf der unter uns weghuschenden Betonpiste mitwandern sehen, ohne uns je an ihm laben zu können. Voll Bewunderung beobachten wir den stimmungsreichen Wechsel des Tageslichtes, das sich von der kühlen Bläue des Morgens zur weißgrauen konturlosen Helligkeit des Mittags aufheizt, dann in einen weichen, schläfrigen Nachmittagsglanz übergeht und mit sattem orangerotfarbenem Feuerglanz endet.

Wir brauchen den ganzen ersten Tag bis El Paso. 160 Kilometer bis Lordsburg – eintönig durch Berge und Ebenen. Dann 100 Kilometer bis zur Wüstenstadt Deming, noch eintöniger, kaum Abfahrten, keine Tankstellen. Ein Land, das aussieht, als könne es nie besiedelt werden, und der Highway scheint sich zu beeilen, es möglichst ungeschoren und auf schnellstem Wege zu durchqueren. Wieder kahle, faltige Bergketten, blaue Schatten in der Ferne, wieder weite, flache Senken mit wenig Grün. Staubsturmgebiete, ein Parkplatz – Stehplatz im Nichts, und immer noch 120 Kilometer bis Las Cruces.

Die wenigen Ortschaften sind nicht zu sehen, sie liegen weitab von der Interstate, die sich stets gleichbleibend einsam weiter durch das riesige Land frißt. Vielleicht einmal einige ferne Baum-

Die Interstate 10 wird für Tage unser „Zuhause"

gruppen, hinter denen sich Hauswände und Schuppen verbergen. Kaum noch Reklameschilder.

Man blickt mit schmerzenden, starren Augen zwischen dem hochgebogenen Lenker hindurch in eine unentwegt spitz zulaufende Ferne. Der glühende Fahrtwind bläst einem ins Gesicht, trocknet die Nase aus, fetzt die Haut auf, drückt einem schmerzhaft das Brillengestell auf die Nasenwurzel, reißt an den Haaren, rüttelt am Helm und fährt einem unter die Jacke in das knatternde Hemd. Man spürt nur noch das sich heftig fortbewegende Motorrad und duckt sich unwillkürlich tiefer in den Sattel, drückt sich an den harten Schlafsack im Rücken, klammert die Fäuste noch fester um die rüttelnden Lenkergriffe. Trotzdem – um nichts in der Welt würde man jetzt mit einem Auto tauschen, auch wenn einen das Motorrad ununterbrochen lautstark und brutal um konzentrierte und kraftvolle Bedienung ersucht.

Und immer nagt die Sorge, es könnte etwas kaputtgehen – da gibt es ja so unzählig viele Möglichkeiten. Könnte nicht in der Stunden um Stunden andauernden Materialbelastung sich eine

Schraube lockern, ein angeknackstes Kettenglied reißen, eine Strebe, eine Feder brechen, ein Lager heißlaufen, ein Schlauch platzen, eine Dichtung durchbrennen oder ein elektrischer Schalter seinen Geist aufgeben?

Immer wieder geht man in Gedanken alle Teile der starken und doch so empfindlichen Maschine durch. Sie muß – sie wird halten! Die Sorge gilt auch dem dicken Benzintank, den man mit den Knien umklammert, und ständig ist man am Rechnen, wie lange der hochexplosive Saft, der da fast kochend drin herumschwappt, noch langen wird. Bis plötzlich der Motor zu stottern und zu knallen anfängt und man nach dem ersten Schrecken merkt, daß es mal wieder Zeit zum Tanken ist und man auf Reserve umschalten muß, die einen noch knapp 20 Meilen weiterbringen wird.

Aber Gott sei Dank sieht man schon lange am Horizont das hoch in der Wüste aufragende „Texaco"-Zeichen, das einem eine „Stuckey's"-Raststätte mit ihrem roten Satteldach signalisiert. Dort gibt es alles, was der Highway-Driver braucht: Landkarten, Souvenirs, Süßigkeiten, Windjacken, Sonnenbrillen, Postkarten, Billigschmuck, Essen und Trinken. Nur Super-Benzin gibt es nicht. Lixis Batterie ist immer noch leer wie am Morgen. Scheint doch ein technischer Defekt zu sein. Wir schieben sie an – was soll's – sie läuft.

Dann sind wir wieder frisch gestärkt, betankt und guten Mutes auf der Interstate 10 East und nehmen allmählich die Reisegeschwindigkeit von etwa 60 Meilen auf.

Ich habe plötzlich Angst, dieses scheinbar endlose Band könnte zu schnell aufhören, und alles ist weg – die Hitze, die Weite, das vibrierende Motorrad, die langsam vorbeiziehende Kulisse aus Sand, Steinen und fernen Bergen, der herbe Geruch des Fahrtwindes.

Aber nein – es ist ja kein Traum, und ich muß aufpassen, daß ich mich nicht zu sehr in meinen Gedanken verliere, denn immer wieder liegen Hindernisse auf dem sonst so leeren Highway. Ein totes Reh etwa, ein Brett oder – häufiger – ein dickes Stück Lastwagenreifen, das man besser umfährt, wenn man nicht den Lenker aus der Hand gerissen bekommen will.

Überhaupt diese Lastwagen! Sie brausen wie Hurrikane mit fast 80 Meilen auf der Überholspur vorbei, daß es einen auf dem Motorrad wild hin und her reißt. Wahre Kolosse mit sechzehn und mehr klatschenden Reifenpaaren und haushohen Aufbauten. Die beiden Auspuffe am Fahrerhaus sind hoch wie Schornsteine und stoßen schwarze Qualmwolken aus, den monströsen Motor wie eine überdimensionale Hundeschnauze nach vorn gereckt. Die Fanfarenstöße, mit denen sie uns begrüßen, blasen uns glatt um. Ich versuche eine Zeitlang im Windschatten eines solchen Ungetüms zu bleiben – aber es fährt einfach zu schnell. Als es etwa 200 Meter vor mir ist, gibt es einen fürchterlichen Knall. Entsetzt ziehe ich instinktiv alle Hebel – Kupplung und Bremse gleichzeitig. Ist mein braver Harleymotor explodiert? Im selben Moment sehe ich schon die schwarzen Fetzen des geplatzten Reifens auf mich zufliegen, und ein gewaltiger Schlag vor die Brust wirft mich fast aus dem Sattel. Schlingernd bringe ich meine Maschine zum Halten.

Ein etwa 20×40 Zentimeter großes Reifenprofilstück hätte mir fast den Kopf heruntergerissen. Puh – das war knapp! Wie heißt doch die alte „Easy-Rider"-Regel? „Stay never behind a truck!" – Fahr niemals hinter einem Laster her! Die Warnung war deutlich.

Endlich künden große Hinweisschilder, die wie Brücken über die Interstate gebaut sind, daß Las Cruces vor uns liegt. Von einer einsamen Paßhöhe sieht man weit hinunter in das grüne Tal des Rio Grande, in der Ferne grüßen uns schon die von der Abendsonne vergoldeten, kahlen Bergketten, hinter denen sich El Paso versteckt – immer noch 60 Kilometer – fast eine Stunde entfernt.

Wir wollen noch, so weit und so lange es geht, in das riesige Land Texas hineinfahren und nehmen Lixi, die wegen ihrer leeren Batterie kein Licht hat, in die Mitte. Anderthalb Stunden hält sie in der Dunkelheit durch, dann müssen wir die Weiterfahrt abbrechen, es wird zu gefährlich.

Wir haben aber doch noch 120 Kilometer geschafft und sind heilfroh, als endlich die Lichter von Sierra Blanca neben der Interstate auftauchen. Wir finden ein gemütliches kleines Motel und ein gutes ländliches Restaurant. Weil es schon so spät ist, lassen wir die tägliche Motorradinspektion bleiben und sinken ziemlich erschöpft in die Betten.

Am nächsten Morgen haben wir Blei in den Knochen. Es ist ungewöhnlich schwül, schon um acht Uhr zeigt das Thermometer 35 Grad. In Wirklichkeit ist es bereits neun – wir haben die Umstellung von der Mountain- zur Central-Time wieder übersehen. Ich bin ein wenig beunruhigt wegen Lixis FLH und der chronisch leeren Batterie – wer weiß, was da noch alles kaputtgehen kann!

„Meinst du, du kriegst den Schrotthaufen noch bis nach Ocean Springs?“

„Bitte, beleidige mein kleines Monster nicht – es marschiert doch einwandfrei!“ Und sie klopft ihm wie einem Pferd auf den dicken schwarzen Tank.

„Na schön, wir wollen aber durchfahren bis in die Nacht!“ „Ja, wenn wir nur schon weg wären!“

Es dauert natürlich – Packen, Ketten schmieren, Öl nachfüllen und gepflegt frühstücken.

Der zweite Texastag verläuft so eintönig wie die Landschaft um uns herum. Drei Tankpausen unterbrechen unsere große Durststrecke: Balmorhea, Sheffield und Sonora. Dann haben wir 590 Kilometer flaches Land hinter uns, und es wird wieder dunkel.

In Sheffield streikt dann meine FXE – in der kochendheißen Batterie ist kein Funken Saft mehr. Wie kann denn das wieder passieren? Lange Zeit zum Nachdenken habe ich nicht, also beschränke ich mich aufs Nachfüllen mit destilliertem Wasser. Aber in Sonora ist sie immer noch ohne Strom. Ein Glück, daß die Super-Glide Kickstarter und Magnetzündung hat. Sie springt

WICHITA
MEMPHIS
BIRMINGHAM
KANSAS
TULSA
ARKANSAS
MISSISSIPPI
ALABAMA
COLORADO
OKLAHOMA CITY
OKLAHOMA
MISSISSIPPI
FLORIDA
MOBILE
LOUISIANA
Biloxi
FORT WORTH
DALLAS
Gulfport
BATON ROUGE
NEW ORLEANS
Lafayette
TEXAS
Lake Charles
Lake Pontchartrain
NEW MEXICO
BEAUMONT
HOUSTON
Golf von Mexico
Junction
Sheffield
10
290
Sierra Blanca
EL PASO
Van Horn
SAN ANTONIO
RIO GRANDE
CORPUS CHRISTI
Interstate
Highway
100 Meilen
100 km
MEXICO

ohne Schwierigkeiten an und läuft einwandfrei. Dafür schießt und knallt Lixis FLH immer öfter und setzt immer länger aus. Es wäre uns schon sehr angenehm, wenn die Maschinen jetzt nicht ausfallen würden, wo nur alle 100 Kilometer ein schläfriges Dörfchen auftaucht. Aber die Harleys halten durch, und um 19 Uhr erreichen wir Junction, das etwa in der Mitte von Texas liegt. Ein nettes, freundliches Motel mit allem Komfort für nur 20 Dollar pro Zimmer versöhnt uns mit der harten Fahrt.

Die Nacht ist unglaublich warm und die Stechmücken sind unglaublich aktiv. Wir stürzen uns alle auf die Motorräder und fangen an zu basteln. Lixis FLH-Batterie wird ausgebaut und zum Laden zur nächsten Tankstelle gebracht, damit sie morgen abend wenigstens Licht hat und wir länger fahren können. Meine Batterie hat sich wieder erholt – aber ein ständig knarrendes Geräusch im Getriebe hat mich die ganze Zeit über schon irritiert. Es hört sich aber nicht sehr gefährlich an, also ignoriere ich es – in zwei Tagen sind wir sowieso „zu Hause". Jochen hat Ärger mit seinem Luftfilter, der total verölt ist.

„Jetzt kommt's aber knüppeldick!"

Er sagt es relativ gelassen – wir haben inzwischen gelernt, technische Probleme mit Fassung zu tragen. Wie heißt es doch so treffend in dem optimistischen Überlebens-Prospekt des „Death Valley"? Keine Panik!

Und weil wir gerade so schön beim Überholen und Herrichten sind, stopfen wir noch unsere ganze Wäsche in einen Plastiksack und bringen sie zum nächsten Münzwaschsalon. Während der Wäsche sitzen wir nebenan recht zufrieden mit uns selbst bei einem kühlen Budweiser. Wir haben uns *nicht* unterkriegen lassen!

13. Oktober – wir sind schon vor Sonnenaufgang munter. Wir bauen Lixis vollgeladene Batterie ein und starten. Es ist empfindlich kühl, der Himmel ist bedeckt, das Land ringsum wird immer grüner. Bäume, viel Buschwerk, kleine Wälder, Viehweiden und

Ranches, Häuser und kleinere Ortschaften, immer mehr Reklameschilder am Straßenrand. Wir nähern uns der Riesenstadt San Antonio. Noch 600 Kilometer bis Louisiana.

Weiter ostwärts, etwa zwischen Luling und Weimar, liegen immer mehr tote Tiere auf der Fahrbahn, manchmal sieht es aus wie in einem Schlachthaus. Stink- und Gürteltiere, Füchse, Hasen, Impalas, ja sogar eine verweste Kuh versperren mehr oder minder plattgewalzt mit herausgequetschten blutigen Innereien den Highway – niemand räumt sie weg. Sieht man sie zu spät, bekommt man einen ziemlichen Schlag versetzt, und das Motorrad tut einen bösen Satz. Und noch eine andere Plage macht sich bemerkbar, je grüner das Land und je feuchter das Klima wird: dicke schwarze Fliegen, fast schon kleine Käfer, schwirren in immer dichteren Schwärmen herum und knallen uns ins Gesicht, in die Nasenlöcher, unter den Helm, zwischen den Kragen, ins Hemd und in die Jackenärmel, es ist scheußlich. Wir halten an und klauben die zentimeterlangen ekligen, klebrigen und halbtoten Insekten aus den Kleidern heraus. Sie surren und krabbeln noch und stinken penetrant. Die Leute hier nennen sie „Lovebugs“, weil sie immer zu zweit im Paarungsflug herumtaumeln. Einmal ist mir eine von diesen Fliegen in die Kehle geraten, und ich bekomme den ganzen Tag diesen ekelhaften Geschmack trotz Cola, Milch und Hamburgers einfach nicht los und bin ständig am Würgen. An den Tankstellen und Rastplätzen stehen die Lastwagen, deren Frontscheiben wie mit schwarzem Streusel bedeckt sind. Mühsam kratzen die Fahrer die toten Fliegen mit Eis-Schabern herunter, um wieder sehen zu können. Wir machen Hemden und Jacken so weit wie möglich zu, wickeln uns Schals um Mund und Nase und spannen Gummiringe um die Ärmel. Bald können wir kaum noch atmen, und der Schweiß strömt aus allen Poren.

So schaffen wir es bis Beaumont, das immer noch in Texas, aber schon dicht an der Grenze zu Louisiana liegt, wo wir gegen 21 Uhr völlig ermattet und übermüdet zum nächstbesten Motel neben der Interstate abbiegen. Minutenlang sitzen wir stumm auf unseren Maschinen, atmen wie erlöst die schwül-feuchte Nachtluft ohne das fliegenverklebte Halstuch vor der Nase und die dreckige Brille vor den entzündeten Augen. Erst jetzt merke ich, daß mich eine Biene gerade auf den Nasenansatz zwischen die Augen gestochen hat, der Stachel steckt noch, und ich ziehe ihn heraus.

Sonntagmorgen – Lixi starrt mich an.

„Ja, um Himmels willen, wie siehst du denn aus?"

Ich stürze zum Spiegel. Meine Augen sind fast zugeschwollen und bilden nur noch kleine Sehschlitze. Darum haben sie die ganze Nacht über so getränt! Wir frühstücken im McDonald, dem einzig offenen Lokal in der ganzen Umgebung, und ich schütze die anderen Gäste mit einer dicken Sonnenbrille vor meinem Anblick. Kurz nach dem Hellwerden – um dreiviertel neun – fahren wir los, es ist kalt und neblig, ein trübsinniger grauer Morgen. Noch 650 Kilometer bis Ocean Springs.

Ein aufschlußreiches Telefongespräch

Meine Armbanduhr zeigt immer noch treu und brav „bayerische" Uhrzeit an – jetzt fast 18 Uhr – es wird Zeit für den letzten, den sechzehnten Anruf beim Bayerischen Rundfunk. Um 12 Uhr sind wir in Lafayette, und ich fahre gleich zum „Rodeway Inn", das wir ja schon von der Hinfahrt kennen und erkläre der Aushilfskraft im Office des völlig verlassenen Hotels mein Anliegen. Die nette Farbige führt mich kurzerhand in das nächste Hotelzimmer, und so komme ich zwischen noch nicht gemachten Betten und dreckigen Badetüchern pünktlich mit Josef Othmar Zöller in München ins Gespräch. Er war es ja, der als Chef der Service-Welle diese sechs Wochen lange telefonische Berichterstattung unserer USA-Durchquerung angeregt hatte, und uns so bei aller Einsamkeit immer ein starkes Gefühl der Verbundenheit zur fernen Heimat vermittelte, das oft in einem seltsamen Kontrast zu unserer jeweiligen Situation stand. Nachdem ich ihm unsere letzten Abenteuer kurz geschildert habe, sitzen wir alle drei in unseren Lederjeans und Regenjacken auf dem ungemachten Bett und drängen uns um den Telefonhörer, aus dem uns Josef Othmar Zöller noch am heimatlichen Verkehrsfunk teilhaben läßt. „Tatütataa-tatüütaa" quäkt es aus dem Hörer. Staus, Baustellen, Umleitungen, Unfälle, das übliche Sonntagabendchaos. Wir sehen uns grinsend an.

„Sollen wir schnell noch eine Verkehrsmeldung aus dem tiefen Süden der USA durchgeben? Also dann: Zwischen Lafayette und Baton Rouge ruhiger Verkehr, zwei Lastwagen, drei Personenautos und ein Motorhome sind auf der Autobahn ostwärts unterwegs – sonst keine weiteren Verkehrsbelästigungen bis New Orleans. Das Wetter ist mit 26 Grad etwas zu kühl für die Jahreszeit ..."

Und dann passiert etwas sehr Merkwürdiges mit uns. Diese „Heimat" da am anderen Ende des Telefons ist plötzlich weit entfernt, unwirklich, ja fremd. Schlagartig wird uns bewußt, daß parallel zu der geographischen Entfernung eine innere Distanz eingetreten ist. Wir haben das Gefühl, daß unsere wirkliche Heimat die moskitoverseuchten Bayous, die einsamen Rockys, die heißen, endlosen Wüsten, die kühle felsige Pazifik-Küste, die grenzenlose Interstate und diese verrückten Feuerstühle geworden sind. Betroffen sehen wir uns und den Telefonhörer an, aus dem immer noch quäkende Verkehrsdurchsagen wie von einem anderen Planeten ertönen.

Wie um uns Luft zu machen und wieder Klarheit in die seelische Verwirrung zu bringen, starten wir unsere Maschinen mit großem Getöse und kurven mit langanhaltendem Gedonner aus dem leeren Hof des „Rodeway Inn" wieder auf die Interstate 10 East.

In den Sümpfen Louisianas klingt die Highway-Melodie aus

Das Wetter ist wieder schön geworden. Wir begrüßen die langen, schwankenden Brücken über den undurchdringlichen Mangrovenwäldern und den schimmernden Sümpfen, in denen wie schwarze Kegel abgestorbene Baumstämme stehen, wie alte Bekannte. Namen huschen vorbei, die uns schon vertraut sind: Hammond, Slidell, Gulfport, Biloxi – das Ziel unserer Reise ist erreicht.

Zerstörung und Neubeginn

Unsere Fahrt endet in einem Staat Amerikas, der vor einigen Wochen Chaos und Katastrophen erlebte, die tiefe Wunden zurückgelassen haben. Je näher wir diesem Gebiet kommen, um so öfter sehen wir umgeknickte Kiefern und Straßen- oder Reklameschilder, die beschädigt, gänzlich zerstört oder in seltsamer Verdrehung um ihre Stützen gewickelt sind. Welch schreckliche Gewalt hat hier gewütet? In Gulfport nimmt die Zerstörung immer schrecklichere Ausmaße an: umgestürzte Wohnwagen, abgedeckte Dächer, zersplitterte Wälder, grotesk verbogene Hochspannungsmasten und niedergewalzte Tankstellen und Supermärkte.

Stundenlang fahren wir durch ein Land, das wie nach einem Bombenangriff in tiefer Agonie daliegt. Drei Wochen nach unserer Abreise hatte der Jahrhundert-Orkan „Frederic" über Missisippi und Alabama getobt und verheerende Verwüstungen angerichtet.

Um 18 Uhr treffen wir bei Robbie ein. Es ist gerade noch hell genug, um das ganze Ausmaß der Zerstörung, das seinen Laden getroffen hat, zu erkennen. Der ganze Schuppen mit Lager, Büro und Verkaufsraum ist in der Mitte auseinandergerissen, Kartons, Ersatzteile, Kleider, Papiere, Prospekte und das ganze Zubehör liegen weit verstreut irgendwo im Unterholz, zweihundert Meter weiter blinken die Reste des Daches zwischen geknickten Föhren heraus. Aber Werkstatt und Wohnhaus stehen wunderbarerweise völlig unbeschädigt in dem Durcheinander.

Hier hat „Frederic" getobt

Robbie hat uns schon kommen sehen und begrüßt uns herzlich. Er sieht abgemagert und um Jahre gealtert aus.

„Fein, daß ihr wieder heil zurück seid – was hier los war, habt ihr ja schon gesehen. Aber wir haben „Frederic“ überlebt. Das andere schaff ich schon, schaut mal hierher!“

Und er führt uns an der Stätte der Zerstörung vorbei zu den Betonfundamenten, auf denen er ein neues und größeres Geschäft errichten wird.

„No problems, Freunde – no problems – so ist das Leben! Kommt jetzt rein und ruht euch aus, Ruby hat schon das Abendessen vorbereitet, es gibt Steaks und Salat euch zu Ehren, und alle Freunde werden kommen . . .“

Dann schieben wir unsere Motorräder zum Werkstattschuppen, wo Ben sie uns lächelnd abnimmt, und schleppen unser Gepäck hinüber ins Haus. 11 550 Meilen oder 18 500 Kilometer liegen hinter uns.

In der Reihe Abenteuer-Report sind bisher erschienen:
Helmut Hermann: Heiße Tour Afrika
Mike Jones: Sturzfahrt vom Everest
Georg Kirner: Meine Freunde – die Kopfjäger
Heinz Rox-Schulz: Der Ruf des Condor
Oluf Zierl: Highway-Melodie